Die Einwilligung im Strafrecht als Ausprägung des Selbstbestimmungsrechts

# Schriften zum Strafrecht und Strafprozeßrecht

Herausgegeben von Manfred Maiwald

Band 3

PETER LANG
Frankfurt am Main · Bern · New York · Paris

Alfred A. Göbel

# Die Einwilligung im Strafrecht als Ausprägung des Selbstbestimmungsrechts

PETER LANG
Frankfurt am Main · Bern · New York · Paris

Die Deutsche Bibliothek - CIP-Einheitsaufnahme

Göbel, Alfred:

Die Einwilligung im Strafrecht als Ausprägung des Selbstbestimmungsrechts / Alfred A. Göbel. - Frankfurt am Main ; Bern ; New York ; Paris : Lang, 1992
(Schriften zum Strafrecht und Strafprozeßrecht ; Bd. 3)
Zugl.: Bonn, Univ., Diss., 1990
ISBN 3-631-44171-1

NE: GT

D 5
ISSN 0938-6181
ISBN 3-631-44171-1

# Vorwort

Die vorliegende Arbeit hat im Wintersemester 1990/91 der Rechts- und Staatswissenschaftlichen Fakultät der Rheinischen Friedrich-Wilhelms-Universität Bonn als Dissertation vorgelegen.

Mein besonderer Dank gilt meinem akademischen Lehrer, Herrn Prof. Dr. Günther Jakobs, der die Arbeit angeregt und mit großem Engagement wissenschaftlich betreut hat. Danken möchte ich auch Herrn Prof. Dr. Hans-Joachim Rudolphi für die Erstellung des Zweitgutachtens sowie Herrn Prof. Dr. Manfred Maiwald für die Aufnahme in die Reihe Schriften zum Strafrecht und Strafprozeßrecht.

Alfred Göbel

## Inhaltsverzeichnis:

# Einleitung

## A. Begriffsklärung und Untersuchungsgegenstand

Die vorliegende Untersuchung behandelt die Einwilligung im Strafrecht. Indem der Begriff "Einwilligung" zur Bezeichnung der vorliegenden Problematik gewählt wird, soll jedoch keine dogmatische Präjudizierung vorgenommen werden. Bekanntlich differenziert die wohl noch h.M.[1] in Rechtsprechung und Literatur zwischen einem bereits tatbestandsausschließend wirkenden Einverständnis und der rechtfertigenden Einwilligung. Demgegenüber schließt nach einer starken Gegenmeinung der zustimmende Wille des Gutsinhabers zu einem Eingriff in Güter, die seiner Disposition unterliegen, generell den Tatbestand des betreffenden Delikts aus[2]. Dem Begriff der Einwilligung kommt im folgenden zunächst einmal eine Abgrenzungsfunktion zu: nicht bzw. nur am Rande wird auf Probleme eingegangen, die sich daraus ergeben, daß bereits der jeweilige Tatbestand des Besonderen Teils des StGB - ausdrücklich oder doch zumindest durch Auslegung einzelner Tatbestandsmerkmale erschließbar - ein Verhalten gegen den Willen des Betroffenen voraussetzt[3]. So scheidet beispielsweise ein in § 242 StGB vorausgesetzter Gewahrsamsbruch und damit der Tatbestand des Diebstahls von vorneherein aus, wenn der bisherige Gewahrsamsinhaber dem Übergang des Gewahrsams zustimmt. Im Bereich dieses sog. Einverständnisses hat sich mittlerweile allgemein die Erkenntnis durchgesetzt, daß dessen Wirksamkeitsvoraussetzungen von dem Schutzzweck des jeweiligen Tatbestandes abhängig

1 Vgl. statt aller BGHSt 23, 1, 3 für die Rechtsprechung und Sch-Sch/Lenckner, Vor § 32 Rdn. 29 ff. und LK/Hirsch, Vor § 32 Rdn. 96 ff. für die Literatur im Anschluß an Geerds, GA 1954, 264 f.; ders., ZStW 72, 43.

2 Kientzy, S. 67 f.; Zipf, Einwilligung, S. 29; Schmidhäuser AT, 8/123 ff.; Roxin, Einwilligung, S. 11; Rudolphi, ZStW 86, 87; differenzierend Jakobs AT, 7/111.

3 Geerds hat in seiner Dissertation den Versuch unternommen, solche Delikte des Besonderen Teils zu systematisieren. Auf ihn geht die Begriffsbildung des Einverständnisses zurück. Mit Einzelproblemen der Tatbestandsauslegung beschäftigt sich auch Wimmer, Bedeutung des zustimmenden Willens.

sind und somit ein BT-Problem darstellen[4]. Nicht behandelt wird weiterhin die Sonderproblematik der mutmaßlichen Einwilligung, die allgemein als Rechtfertigungsgrund angesehen wird und eigenen Regeln folgt[5].

Beantwortet werden soll mit dieser Untersuchung vorwiegend die Frage, bei welchen Delikten und unter welchen Voraussetzungen die Zustimmung des Betroffenen - außerhalb des oben bezeichneten Bereichs des Einverständnisses - zur Straflosigkeit eines (potentiellen) Täters führen kann.

## B. Problemstellung

Die jüngsten Monographien, die die Einwilligungsproblematik in ihrer Gesamtheit zum Gegenstand haben, liegen mittlerweile 20 Jahre zurück[6]. Inzwischen hat sich jedoch die Diskussion - wie ein erster Blick in die Kommentare zeigt - keinesfalls erledigt. Vielmehr bestehen eine Vielzahl von Einzelproblemen, die kontrovers diskutiert werden[7]. Dies ist nicht zuletzt dadurch bedingt, daß - bis auf die problematische Vorschrift des § 226 a StGB - keine positivrechtlichen Normen zur Problemlösung zur Verfügung stehen.

Die vorliegende Untersuchung führt zunächst eine Bestandsaufnahme der gesamten Einwilligungslehre durch. Hierbei werden diskussionswürdige Probleme herausgearbeitet und bloße Scheinprobleme als solche offengelegt. Zum weiteren und darüber hinaus soll die auf der Stelle tretende Diskussion belebt werden. Diese Belebung wird vor allem dadurch erreicht, daß sämtliche Fragen, der Anwendungsbereich und die Wirksam-

4 Vgl. statt vieler Sch-Sch/Lenckner, Vor § 32 Rdn. 32; LK/Hirsch, Vor § 32 Rdn. 100; Jescheck, § 34 I 2 a); zutreffend Zipf, Einwilligung, S. 18: Es gehe um die Subsumtionsarbeit an einem Tatbestandsmerkmal.

5 Umfassende Nachweise bei Sch-Sch/Lenckner, Vor § 32 Rdn. 54 ff.; LK/Hirsch, Vor § 32 Rdn. 129 ff.

6 Kientzy, Mangel am Straftatbestand 1970; Zipf, Einwilligung 1970; Die - im Dissertationsdruck erschienenen - Arbeiten von Dach, Quillmann und Ensthaler beziehen sich auf die Frage der Einwilligung bei Fahrlässigkeitsdelikten; Roxin hat sich jüngst in einem Vortrag etwas näher mit der Einwilligung beschäftigt.

7 Vgl. nur die Ausführungen von Sch-Sch/Lenckner, Vor § 32 Rdn. 29 ff.; LK/Hirsch, Vor § 32 Rdn. 92 ff; SK/Samson, Vor § 32 Rdn. 36 ff.

keitsvoraussetzungen der Einwilligung, mit Blick auf ihren materiellen Grundgedanken beantwortet werden. Die strafbefreiende Wirkung der Einwilligung beruht nämlich auf dem unsere Rechtsordnung konstituierenden Selbstbestimmungsrecht des einzelnen. Nur indem besonderer Wert auf diesen Grundgedanken gelegt wird, ist eine nachprüfbare und widerspruchsfreie Beurteilung und die Erhaltung eines eigenständigen Anwendungsbereichs der Einwilligung möglich[8].

Zunächst ist zu bestimmen, ob und inwieweit das Rechtsinstitut der Einwilligung überhaupt für einen Sachverhalt herangezogen werden kann. Dabei sind die Problembereiche auszugrenzen, die - fälschlicherweise, weil mit dem Grundgedanken der Einwilligung nicht in Einklang stehend - von Rechtsprechung und Literatur z.T. hierunter subsumiert werden. Hier ist eine genaue Abgrenzung zu anderen Rechtsinstituten geboten. Der Anwendungsbereich der Einwilligung ist auch angesprochen, soweit es um deren positivrechtliche Grenzen in den §§ 216, 226 a StGB geht, dem Selbstbestimmungsrecht also höherrangige Interessen gegenübertreten. Schwierigkeiten bereiten hier insbesondere die Interpretation des § 226 a StGB und seine Übertragbarkeit auf sonstige Tatbestände. Die im Laufe der Untersuchung erarbeiteten Ergebnisse, die auf einer Parallele zu dem - seinerseits problematischen und erklärungsbedürftigen - Strafgrund des § 216 StGB beruhen, münden in einen Gesetzesvorschlag, der geeignet ist, die Einwilligungsgrenzen ohne den nebulösen Hinweis auf die guten Sitten zu bestimmen. Erst im Anschluß daran wird untersucht, wie die Einwilligung dogmatisch in den Verbrechensaufbau einzuordnen ist, ob sie also generell tatbestandsausschließend wirkt oder nur rechtfertigt oder aber ob sie sowohl Tatbestandsausschließungsgrund als auch Rechtfertigungsgrund sein kann. Auch hierbei wird sich der materielle Grundgedanke als hilfreich erweisen.

Nach diesen grundsätzlichen Fragen ist im einzelnen zu untersuchen, wann eine - theoretisch mögliche - Einwilligung vorliegt. Damit ist die zentrale Frage nach den Wirksamkeitsvoraussetzungen der Einwilligung aufgeworfen. Neben dem Problem der Einwilligungsfähigkeit, das in erster Linie bei der Einwilligung von Minderjährigen kontrovers diskutiert wird, geht es um den Einfluß von Willensmängeln im weitesten Sinne auf die Wirksamkeit der Einwilligung. Trotz vielfacher Versuche ist

8 Vgl. zur Notwendigkeit der Systembildung Jakobs AT, 4/37 ff.

auch hier - wie etwa *Roxin*[9] am Ende seiner Untersuchung zutreffend feststellt - eine allgemein anerkannte Lösung noch lange nicht erreicht. Der hier entwickelte Ansatz macht sich die Grundsätze der mittelbaren Täterschaft zunutze, indem er eine Parallele zur Haftung eines Dritten für eine Selbstverletzung zieht. Die Untersuchung wird aufdecken, daß Selbstverletzung und einverständliche Fremdverletzung jedenfalls insoweit rechtlich völlig gleichwertig sind, als die Einwilligung in die Verletzung des betreffenden Guts überhaupt möglich ist. Dann müssen aber auch die Haftung für eine Selbstverletzung und die Haftung für die Erteilung einer Einwilligung rechtlich gleich begründet werden. Zu berücksichtigen ist hier insbesondere, daß dem Selbstbestimmungsrecht des Individuums auch eine eigene Verantwortlichkeit korrespondiert.

Zuletzt wird die Frage nach dem Erfordernis einer Objektivierung der Einwilligung und einer etwaigen Bindung des Einwilligenden an seine Erklärung zu klären sein. Bei konsequenter Berücksichtigung des materiellen Grundgedankens ist auch hier die Lösung vorgezeichnet.

9 Noll-GS, S. 294.

# 1. Teil: Anwendungsbereich des Rechtsinstituts Einwilligung und dogmatische Einordnung

## A. Grundsätzliche Anerkennung der Einwilligung

Die erste Frage, die sich im Zusammenhang mit der Einwilligung stellt, ist die nach ihrem Anwendungsbereich. Im folgenden soll daher zunächst geklärt werden, bei welchen Delikten die Einwilligung zur Straflosigkeit des Täters führen kann.

Fragt man derart nach dem Anwendungsbereich der Einwilligung, so wird stillschweigend davon ausgegangen, daß der zustimmende Wille des Individuums in den Eingriff in seine Güter *überhaupt* Relevanz für die Strafbarkeit des Eingreifenden haben kann. Dies wird zwar heute als selbstverständlich vorausgesetzt, stellt jedoch keine logische Notwendigkeit dar. So hat *Honig* in seinem eindrucksvollen Abriß der Dogmengeschichte[1] im einzelnen aufgezeigt, mit welchen Begründungen die Einwilligung als für die Strafbarkeit eines (potentiellen) Täters irrelevante Figur angesehen werden kann und wurde.

Daß die Einwilligung in der Rechtsordnung der Bundesrepublik Deutschland nicht völlig bedeutungslos ist, ergibt sich zum einen aus einem Schluß aus der positivrechtlichen Bestimmung des § 226 a StGB, wonach eine Einwilliung in eine Körperverletzung stets zur Straflosigkeit des Täters führt, es sei denn, die Tat verstößt trotz der Einwilligung gegen die guten Sitten. Zum anderen hat sich aus dem altrömischen Satz: volenti non fit iniuria[2] ein Gewohnheitsrecht dahingehend entwickelt, daß die Einwilligung in die Verletzung bzw. Zerstörung eines Individualrechtsguts regelmäßig - von den gesetzlichen Ausnahmen in den §§ 216, 226 a StGB abgesehen - die Straflosigkeit des Eingreifenden zur Folge hat[3].

Hiermit wird jedoch, wie die Meinungsunterschiede in Einzelfragen belegen, lediglich ein grober Rahmen gesteckt. Ob etwa die Einwilligung nur bei Vorsatzdelikten oder aber auch bei Fahrlässigkeitsdelikten Wir-

1 Einwilligung des Verletzten, S. 1 ff. Bezüglich Einzelheiten zur Dogmengeschichte wird auf diese Arbeit verwiesen.

2 Ulpian D. 47, 10, I § 5.

3 Vgl. nur LK/Hirsch, Vor § 32 Rdn. 92; Kühne, JZ 1979, 241; Maurach/Zipf AT 1, § 17 Rdn. 32; Stratenwerth AT, Rdn. 360.

kung entfalten kann, steht damit ebensowenig fest wie die Interpretation der in den §§ 216, 226 a StGB normierten Einwilligungsgrenzen und ihre Bedeutung für die Einwilligungslehre im übrigen. Der Anwendungsbereich der Einwilligung kann daher nur präzise festgelegt werden, wenn man sich zunächst Klarheit über den materiellen Grundgedanken verschafft, auf dem die oben festgestellte prinzipielle Anerkennung dieses Rechtsinstituts beruht. Darüberhinaus können auch die übrigen Probleme der Wirksamkeitsvoraussetzungen der Einwilligung nur vor diesem Hintergrund gelöst werden.

## B. Selbstbestimmungsrecht als allgemein anerkannter Grundgedanke

Zieht man hierzu die einschlägigen literarischen Stellungnahmen heran, so scheint die Frage nach dieser Grundlage außerordentlich umstritten und problematisch zu sein[4]. Einig ist man sich heute nur in der Ablehnung der von *Zitelmann*[5] begründeten sog. Rechtsgeschäftstheorie, wonach die Einwilligung als ein privatrechtliches Rechtsgeschäft aufzufassen sein soll, durch das dem Handelnden ein widerrufliches Eingriffsrecht gewährt werde[6].

4 Vgl. z.B. die Charakterisierung der Problematik bei Jakobs AT, 14/1: "keine sonderliche Einigkeit" und bei Stratenwerth AT, Rdn. 362: "noch immer Meinungsverschiedenheiten"; vgl. auch Weigend, ZStW 98, 44 ff., der den Grund der Strafbefreiung zum Hauptgegenstand seiner Ausführungen macht.

5 AcP 99, 51 ff., 56.

6 Ausführliche Kritik bei Noll, S. 69, auf die verwiesen wird; vgl. auch Roxin, Einwilligung, S. 35 und Jescheck, § 34 II 2, die auf die unterschiedliche Zwecksetzung von Strafrecht und Zivilrecht hinweisen; im neueren Schrifttum wird auf die Auseinandersetzung mit der Rechtsgeschäftstheorie mitunter völlig verzichtet, vgl. etwa LK/Hirsch, Vor § 32 Rdn. 104, Stratenwerth AT, Rdn. 362 und Jakobs AT, 14/2 f.

## *I. Lösungsansätze in der Literatur*

### *1. Verzicht auf Strafschutz und Abwägungstheorie*

Z.T. wird der Standpunkt vertreten, der zustimmende Wille des Betroffenen als solcher ändere nichts an der Verletzung des tatbestandlich geschützten Rechtsguts[7]. Im Gegensatz zu dem sog. tatbestandsausschließenden Einverständnis werde nämlich im Anwendungsbereich der Einwilligung die Willensfreiheit als solche gerade nicht tatbestandlich geschützt[8]. Nach dieser Konzeption ändert beispielsweise die Einwilligung des Eigentümers in die Zerstörung seiner Sache durch einen Dritten nichts daran, daß der Dritte den Tatbestand des § 303 StGB erfüllt.

Die gleichwohl eintretende Straflosigkeit wird dann zum einen damit begründet, daß die Rechtsordnung keine Veranlassung habe, Güter zu schützen, die ihr Inhaber bewußt dem Zugriff Dritter preisgebe[9]. Dieser Verzicht auf Strafschutz sei durch das Selbstbestimmungsrecht legitimiert und stelle strafrechtssystematisch einen Rechtfertigungsgrund dar[10].

Zum anderen wird insbesondere im Hinblick auf die positivrechtlichen Grenzen in den §§ 216, 226 a StGB auf das Prinzip der Güterabwägung rekurriert[11]. Das Selbstbestimmungsrecht des einzelnen stelle in einem freiheitlichen Staatswesen einen eigenen sozialen Wert dar, der mit dem tatbestandlich geschützten Rechtsgut kollidiere. Welches Gut den Vorrang habe, ergebe sich aus einer Abwägung, wobei in den §§ 216, 226 a

7 Vgl. BGHSt 17, 359, 360; Sch-Sch/Lenckner, Vor § 23 Rdn. 33f; LK/Hirsch, Vor § 32 Rdn. 105; Jescheck, § 34 I 3; Geppert, ZStW 83, 960.

8 Vgl. LK/Hirsch, Vor § 32 Rdn. 98.

9 Sog. Strafschutzverzichtstheorie: BGHSt 17, 359, 360; Welzel, S. 95; Sch-Sch/Lenckner, Vor § 32 Rdn. 33; Dreher/Tröndle, Vor § 32 Rdn. 3 b; Lackner, Vor § 32 Anm. 5; Geerds, GA 1954, 263; Bichlmeier, JZ 1980, 54; im Ansatzpunkt auch LK/Hirsch, Vor § 32 Rdn. 105.

10 Sch-Sch/Lenckner, Vor § 32 Rdn. 33; Bichlmeier, JZ 1980, 54; z.T. wird eine Legitimation für die Möglichkeit des Verzichts auf Strafschutz überhaupt nicht thematisiert, vgl. etwa Dreher/Tröndle, Vor § 32 Rdn. 3 b, Lackner, Vor § 32 Anm. 5.

11 Sog. Abwägungstheorie: Noll, S. 74 ff.; Jescheck, § 34 II 3; Geppert, ZStW 83, 952; Dölling, GA 1984, 91; mit Modifizierungen auch LK/Hirsch, Vor § 32 Rdn. 105 und Jakobs AT, 14/4 für die von ihm sog. rechtfertigende Einwilligung.

StGB diese Abwägung zumindest teilweise zu Lasten des einzelnen ausfalle[12].

*2. Lehre vom generellen Tatbestandsausschluß unter Rekurrierung auf den Rechtsgutsbegriff*

Eine beachtliche Gegenmeinung betrachtet die Einwilligung demgegenüber generell als Tatbestandsproblem. Individualrechtsgüter wie z.B. Eigentum, körperliche Bewegungsfreiheit oder körperliche Unversehrtheit seien nicht als solche geschützt, sondern nur deshalb, weil der einzelne diese Güter funktional einsetzen könne[13]. So weist *Rudolphi*[14] darauf hin, daß etwa das Rechtsgut Eigentum nicht einen bestimmten Zustand darstelle, sondern die Funktion habe, dem Eigentümer bestimmte Herrschaftsmöglichkeiten und damit zugleich auch eine freie Entfaltung seiner Persönlichkeit durch Nutzen dieser Möglichkeiten zu eröffnen. Wenn demnach der Eigentümer die Zerstörung seiner Sache wünscht und ein Dritter diesem Wunsch nachkommt, liegt schon überhaupt keine Rechtsgutsverletzung vor. Die Einwilligung in Güter, die der Disposition des einzelnen unterliegen, wirkt nach dieser Meinung daher stets tatbestandsausschließend[15].

12 Vgl. nur Jescheck, § 34 II 3.

13 Kientzy, S. 76; Zipf, Einwilligung, S. 30; ders., ÖJZ 1977, 380 f.; Maurach/Zipf AT 1, § 17 Rdn. 33 f.; Maiwald, Zueignungsbegriff, S. 106; Roxin, Einwilligung, S. 11; Rudolphi, ZStW 86, 87; Kühne, JZ 1979, 242; Schmidhäuser AT, 8/123 ff.; ders., Studienbuch 5/107; SK/Horn, § 226 a Rdn. 2; Jakobs AT, 7/111 für die von ihm sog. tatbestandsausschließende Einwilligung.

14 Honig-FS, S. 164; ebenso Roxin, Einwilligung, S. 11; vgl. auch Maiwald, Zueignungsbegriff, S. 92, 104.

15 Kientzy, S. 67 f.; Zipf, Einwilligung, S. 29; Maurach/Zipf AT 1, § 17 Rdn. 33; Roxin, Einwilligung, S. 11; Rudolphi, ZStW 86, 87; Maiwald, Zueignungsbegriff, S. 106.

## *II. Bedeutung des Selbstbestimmungsrechts innerhalb der (Schein-)Kontroverse*

### *1. Streit über die dogmatische Einordnung*

Überprüft man den referierten Meinungsstreit, so zeigt sich, daß hier zwei Probleme miteinander vermengt werden, die streng auseinandergehalten werden müssen.

Zum einen geht es um die Frage, auf welchem materiellen Grundgedanken die Strafbefreiung infolge einer Einwilligung des Betroffenen beruht. Davon zu unterscheiden ist demgegenüber, wie dieser Grundgedanke in die Dogmatik einzuordnen ist. "Filtert" man den Meinungsstreit unter diesem Blickwinkel, so konzentriert sich die Kontroverse auf den zuletzt genannten Problemkreis, während über die erste Frage nach dem materiellen Grundgedanken (seltene) Einmütigkeit besteht.

Der gemeinsame Ausgangspunkt aller literarischen Stellungnahmen zur Einwilligungsproblematik ist das Selbstbestimmungsrecht des Individuums, die Autonomie, die in unserer Rechtsordnung einen eigenständigen Wert darstellt. Unter dem Topos "Grundgedanke der Einwilligung" wird dagegen streitig diskutiert, wie dieses Selbstbestimmungsrecht sinnvoll in den Verbrechensaufbau einzuordnen ist. Z.T. wird das Selbstbestimmungsrecht selbst als genuiner Bestandteil der in den Straftatbeständen geschützten Rechtsgüter angesehen, wenn es sich hierbei um sog. Individualrechtsgüter handelt. Andere Autoren sprechen dagegen dem Selbstbestimmungsrecht des Individuums einen Wert zu, der den in den Straftatbeständen geschützten Rechtsgütern gegenübertritt. Je nachdem, wie man das Selbstbestimmungsrecht dogmatisch einordnet, wird die Einwilligung als tatbestandsausschließend oder als rechtfertigend angesehen.

### *2. Präzisierung des Selbstbestimmungsrechts*

Was allerdings ist mit dem Begriff des Selbstbestimmung gemeint?

Er bedeutet die rechtlich prinzipiell anerkannte Möglichkeit des einzelnen, mit den Gütern, die ihm nach den Regeln unserer Verfassungs- und Privatrechtsordnung zustehen, nach seiner freien Entscheidung zu verfahren[16]. Ebenso, wie es dem Eigentümer unbenommen bleibt, beispielsweise seinen Pkw mit einem Hammer zu zerstören (§ 903 BGB), steht es ihm auch frei, einen Dritten um die Demolierung des Wagens zu bitten. Entsprechende Beispiele lassen sich auch im Zusammenhang mit der körperlichen Unversehrtheit bilden. So kann der einzelne frei entscheiden, ob er sich eine Glatze schneiden oder etwa von einem Schönheitschirurgen die Nase richten läßt. Die Möglichkeit wirksamer Einwilligung dient damit der freien Entfaltung der Persönlichkeit[17] und beruht letztlich auf einer Grundentscheidung der Rechtsgemeinschaft über das Verhältnis des Staats zum einzelnen Staatsbürger; denn ob die Aufgabe eines bestimmten Guts objektiv vernünftig ist, kann im Rahmen des Selbstbestimmungsrechts dahinstehen, da dem Individuum diese Entscheidung selbst überantwortet ist. Dem Selbstbestimmungsrecht korrespondiert daher notwendigerweise das Prinzip der Selbstverantwortung. Dies führt wiederum zu einer Entlastung desjenigen, der das Gut, das dem Betroffenen zur freien Verfügung zusteht, auf dessen Willen hin beeinträchtigt[18].

Als normative Grundlage des so definierten Selbstbestimmungsrechts ist das Grundrecht der allgemeinen Handlungsfreiheit in Art. 2 I GG zu nennen[19]. Zur Vermeidung von Mißverständnissen[20] ist aber darauf hinzuweisen, daß das Grundgesetz und hier speziell Art. 2 I GG "lediglich" eine äußerste Grenze darstellen, die auch der Strafgesetzgeber nicht

16 So auch Weigend, ZStW 98,59; vgl. zum Zivilrecht und dem Grundsatz der Privatautonomie, der bei der Einwilligung eine zentrale Rolle spielt, Kohte, AcP 185, 110; ob der Grundsatz der "größtmöglichen Freiheit" des Individuums als solcher noch berechtigt ist, wird in rechtsphilosophischer Sicht neuerdings von Stratenwerth, Maihofer-FS, S. 571 ff. in Frage gestellt.

17 So auch Roxin, Einwilligung, S. 11; Maurach/Zipf AT 1, § 17 Rdn. 36; Jescheck, § 34 II 3; Geppert, ZStW 83, 953; Bichlmeier, JZ 1980, 54.

18 Vgl. hierzu auch Stratenwerth, ZStW 68, 45: In der Gutsverletzung liege keine Mißachtung fremder Selbstbestimmung, wenn der Betroffene als in seinem Bereich eigenverantwortliche Persönlichkeit dem Eingriff zustimme.

19 Vgl. Zipf, Einwilligung, S. 32; Maurach/Zipf AT 1, § 17 Rdn. 36; Geppert, ZStW 83, 953; Bichlmeier, JZ 1980, 54; Roxin, Einwilligung, S. 12.

20 Hierzu gibt insbesondere Amelung, Einwilligung, S. 57 Anlaß, wenn er den Eindruck erweckt, die Einwilligung sei immer dann unwirksam, wenn der Schutz des Art. 2 I GG nicht mehr greife. Es interessiert hier allein die strafrechtliche Beachtlichkeit der Einwilligung, nicht deren verfassungsrechtliche Absicherung.

überschreiten darf. Es steht dem Gesetzgeber daher durchaus frei, den Bereich der Selbstbestimmung und damit den Anwendungsbereich der Einwilligung über das verfassungsrechtlich gebotene Mindestmaß hinaus auszudehnen. Hierauf ist bei der Diskussion der rechtlichen Grenzen der Einwilligung zurückzukommen.

Festzuhalten bleibt zunächst, daß die Existenz des Rechtsinstituts der Einwilligung auf dem Prinzip der Autonomie bzw. der Selbstbestimmung beruht. Dies ist unstreitig.

## C. Erste Folgerung aus dem Grundgedanken der Einwilligung: Dispositionsmöglichkeit nur bei sog. Individualrechtsgütern

Die Ausgangsfrage bezog sich auf den Anwendungsbereich des Rechtstinstituts der Einwilligung. Sieht man das Selbstbestimmungsrecht als Grundlage für die strafbefreiende Wirkung der Einwilligung an, so leuchtet nunmehr unmittelbar ein, warum nur solche Tatbestände in Betracht kommen, die als Schutzgegenstand Interessen des einzelnen aufweisen[21]. In der herkömmlichen Terminologie spricht man von Individualrechtsgütern. Zu nennen sind hier die Eigentumsdelikte, insbesondere die §§ 246, 303 StGB und die Delikte gegen die Person: §§ 185, 202, 239 und 223 StGB. Ob möglicherweise auch bestimmte Amtsdelikte Individualinteressen schützen, soll hier nicht näher untersucht werden. Insoweit sei auf die maßgebliche Abhandlung von *Amelung*[22] verwiesen.

Eine notwendige Bedingung für die Eröffnung des Anwendungsbereichs der Einwilligung ist damit aufgetan: Strafbefreiende Wirkung kann sie nur entfalten, wenn sie sich auf einen Tatbestand bezieht, der in erster Linie Individualinteressen schützt.

Gilt dies aber in gleicher Weise für Vorsatz- wie für Fahrlässigkeitsdelikte? Kommt also beispielsweise das Rechtsinstitut der Einwilligung auch dann zur Anwendung, wenn jemand in voller Kenntnis des Unfallrisikos bei einem infolge Alkoholgenusses in seiner Fahrtüchtigkeit beeinträchtigten Fahrer ins Auto steigt und bei dem sich anschließenden

21 Allg. Meinung, vgl. nur Sch-Sch/Lenkner, Vor § 32 Rdn. 35.

22 Dünnebier-FS, S. 487 ff.; problematisch ist auch die Einwilligungsmöglichkeit in § 315 c StGB, vgl. ausführlich zum Streitstand Sch-Sch/Cramer, § 315 c Rdn. 33 f.

Unfall verletzt wird[23]? Die hier in Betracht zu ziehende fahrlässige Körperverletzung gem. § 230 StGB stellt ja ebenso wie § 223 StGB ein Delikt dar, das das Individualrechtsgut der körperlichen Integrität zum Schutzgegenstand hat.

## D. Zweite Folgerung aus dem Grundgedanken der Einwilligung: Bestimmung des Einwilligungsgegenstandes

### *I. Problemstellung und Meinungsstand*

Die oben aufgeworfene Frage nach einer Einwilligungsmöglichkeit bei - Individualrechtsgüter schützenden - Fahrlässigkeitsdelikten hängt mit dem notwendigen Gegenstand der Einwilligung zusammen. Dies sei anhand des obigen Beispielsfalles erläutert. Vertritt man den Standpunkt, die Einwilligung müsse sich (zumindest auch) auf den tatbestandsmäßigen Erfolg beziehen[24], so scheidet eine Einwilligung bei den praktisch relevanten Fällen von vorneherein aus; der Mitfahrer wollte lediglich befördert, nicht aber verletzt werden. Möglich ist dagegen der Rückgriff auf die Einwilligung, wenn man es ausreichen läßt, daß der Betroffene - bei Kenntnis des Risikos - die tatbestandsmäßige Handlung[25], hier das Autofahren in nicht mehr voll fahrtüchtigen Zustand, wollte. Je nachdem, wie man den Einwilligungsgegenstand bestimmt, entscheidet sich auch die Frage, ob eine Einwilligung bei einem Fahrlässigkeitsdelikt in Betracht kommt. Zwar ist es grundsätzlich denkbar, daß auch bei "bloß" fahrlässigem Verhalten des Täters der Betroffene den tatbestandsmäßi-

23 Vgl. etwa den Fall BGH VRS 17, 277, bei dem es um die Mitfahrt auf einem Motorroller ging; OLG Köln, NJW 1966, 895, 896; die Frage, ob im Falle der Tötung die Wirksamkeit der Einwilligung nach § 216 StGB ausgeschlossen ist, wird im Zusammenhang mit der allgemeinen Problematik der Einwilligungsgrenzen erörtert. Hier geht es zunächst um die logisch vorrangige Frage, ob überhaupt eine Einwilligung vorliegt.

24 So insbes. Preuß, S. 139; Ensthaler, S. 65 f.; Fiedler, S. 74; Schild, Jura 1982, 522; Zipf, Einwilligung, S. 22; Schmidt, JZ 1954, 372 f.; Kohlhaas, DAR 1960, 349; Stratenwerth, AT, Rdn. 1116.

25 Vgl. für die h.M. nur LK/Hirsch, Vor § 32 Rdn. 107 und Sch-Sch/Lenkner, Vor § 32 Rdn. 102 jeweils mit umfassenden Nachweisen auch der Rechtsprechung.

gen Erfolg will. Tatsächlich wird dies jedoch nicht der Fall sein, da der Betroffene in den hier interessierenden Fallkonstellationen gerade darauf vertraut, es werde nichts geschehen.

Neben der Fahrt mit einem fahruntüchtigen Fahrer kann hier auch die Teilnahme an Sportarten wie z.B. Fußball angeführt werden, bei denen es zu Verletzungen kommen kann[26]. Verlangt man als Einwilligungsgegenstand den tatbestandsmäßigen Erfolg, so liegt in den angeführten Fällen überhaupt keine Einwilligung vor. Auf Fahrlässigkeitsdelikte würde sich der Anwendungsbereich der Einwilligung daher regelmäßig nicht erstrecken.

### *II. Die Notwendigkeit der Erfolgsbezogenheit der Einwilligung*

Zieht man den oben dargelegten und allgemein anerkannten materiellen Grundgedanken der Einwilligung heran, so ist die Antwort auf die Frage nach dem notwendigen Einwilligungsgegenstand vorgezeichnet. Staatlich anerkannt ist die Einwilligung, weil sie dem Individuum eine - zusätzliche - Möglichkeit des Umgangs mit den ihm zugewiesenen Gütern eröffnet und so der freien Entfaltung der Persönlichkeit dient. Indem der Dispositionsbefugte einen anderen um die Zerstörung (etwa: Fällen eines Baumes) oder Verletzung (etwa: Tätowierung) seines Gutes bittet, macht er von seinem Selbstbestimmungsrecht Gebrauch. Entscheidende Bedeutung kommt insoweit dem Eintritt des Erfolges zu, um den es dem Dispositionsbefugten geht. Deshalb ist die innerliche Billigung des Erfolges das Charakeristische der Einwilligung[27].

Demgegenüber geht es in den Fällen der sog. Risikoeinwilligung - wie etwa bei der Teilnahme an einer Trunkenheitsfahrt - um ganz anderes. Der Eintritt des (tatbestandsmäßigen) Erfolges entspricht gerade nicht dem Willen des Gutsinhabers, der im Gegenteil ein maßgebliches Interesse am Erhalt des Gutes hat. Der Erfolg stellt sich als unerwünschte Folge eines sozialen Kontakts dar[28]. Wegen der Unerwünschtheit stellt sich hier - im Unterschied zu dem Fall der vom Dispositionsbefugten ge-

26 Ausführlich zur Problematik der Sportverletzungen Zipf, Einwilligung, S. 84 ff.; Eser, JZ 1978, 368 ff.; Schild, Jura 1982, 520 ff.

27 So auch Preuß, S. 139; Fiedler, S. 69.

28 Jakobs AT, 7/126, der deshalb von einer mittelbaren bzw. - in der 2. Auflage - unfinalen Einwilligung spricht; dazu sogleich im Text.

wollten Folgen - das Problem, wem der Erfolg zuzurechnen ist. Die Verantwortungsbereiche des Eingreifenden und des Dispositionsbefugten sind voneinander abzugrenzen. Zieht man gleichwohl auch in diesen Fällen das Rechtsinstitut der Einwilligung heran, so geschieht dies unter Außerachtlassung des materiellen Grundgedankens. Man behandelt das Individuum so, als wenn es in den Erfolg eingewilligt hätte und dieser Ausdruck seines Selbstbestimmungsrechts wäre. In der Literatur ist in diesem Zusammenhang zu Recht von einer bloßen Einwilligungsfiktion gesprochen worden[29]. Möchte man aber der Einwilligung einen eigenständigen Anwendungsbereich erhalten, so ist daran festzuhalten, daß notwendiger Gegenstand der Einwilligung der tatbestandsmäßige Erfolg ist, um dessen Herbeiführung es dem Dispositionsbefugten geht[30].

### *III. Verweis von "einwilligungsfremden" Gesichtspunkten in die allgemeine Zurechnungslehre*

Betrachtet man den Erfolg als notwendigen Einwilligungsgegenstand, so steht damit allerdings lediglich fest, daß die Fälle der Risikoeinwilligung über das Rechtsinstitut der Einwilligung nicht befriedigend gelöst werden können. Nach welchen positiven Kriterien nun aber die Haftung bzw. Haftungsbefreiung in diesen Fällen bestimmt werden soll, kann hier nur angedeutet werden.

Ein Großteil der Fälle löst sich bereits dadurch, daß der "Täter" überhaupt kein unerlaubtes Risiko[31] schafft und eine Haftung völlig unabhängig von dem individuellen Willen des Betroffenen ausscheidet. So

29 Vgl. etwa Zipf, Einwilligung, S. 75: "fiktive Generaleinwilligung"; Ensthaler, S. 68; Fiedler, S. 72; ablehnend zu der Einwilligungskonstruktion auch Donatsch, SchZStR 105, 370 ff.; vgl. auch die zivilrechtliche Entscheidung BGHZ 34, 355, 360 f.

30 Dies schließt allerdings die Möglichkeit des Dispositionsbefugten, die Einwilligung sachlich, örtlich, zeitlich und personell zu beschränken, nicht aus, so daß neben dem Erfolg auch eine bestimmte Handlung Einwilligungsgegenstand sein kann, vgl. hierzu Zipf, Einwilligung, S. 26. Hierauf ist im Rahmen der Irrtumsproblematik (unten 3. Teil, B.III. 1.) zurückzukommen.

31 Ausführlich zum erlaubten Risiko Preuß, S. 15 ff. und passim; Jakobs AT, 7/35 ff., 7/113, wo erlaubtes Risiko und Risikoeinwilligung als kongruent angesehen werden; vgl. auch Stratenwerth AT, Rdn. 1116.

kommt etwa eine Strafbarkeit eines Fußballspielers, der seinem Gegenspieler beim "Kampf um den Ball" leicht regelwidrig eine Prellung zufügt, auch dann nicht in Betracht, wenn der Gegenspieler glaubhaft versichern kann, nicht einmal mit der Möglichkeit einer Verletzung gerechnet zu haben[32]. Insbesondere im Sport werden generelle Regeln aufgestellt, die die rechtmäßigen Verletzungen von den rechtswidrigen ohne Rücksicht auf die tatsächliche Einstellung der Betroffenen abgrenzen[33].

Liegt ein unerlaubtes Risiko vor, kann sich eine weitere Haftungsbefreiung aus dem Grundsatz des Handelns auf eigene Gefahr ergeben, auf den die Rechtsprechung in Zivilsachen[34] in den noch verbleibenden Fallkonstellationen generell abstellt. Auch im Strafrecht wird zunehmend die Eigenverantwortlichkeit[35] des (späteren) Opfers bereits im Rahmen der objektiven Zurechnung eines bestimmten Erfolges berücksichtigt. Zwar ist die Terminologie uneinheitlich: Z.T. spricht man wie im Zivilrecht von einem Handeln auf eigene Gefahr[36]; andere Autoren verwenden den Begriff der eigenverantwortlichen Selbstgefährdung, die wiederum von der einverständlichen Fremdgefährdung abzugrenzen sei[37]. Besondere Aktualität hat diese Problematik neuerdings im Bereich der sog. AIDS-Fälle erlangt[38]. Auch die Rechtsprechung hat sich hier von der Rechtsfigur der Einwilligung in eine Risikoübernahme gelöst und thematisiert das Problem der Opferbeteiligung unter dem Begriff der Eigenverantwortlichkeit des Opfers[39]. Hier gilt es anzusetzen und allgemeingültige

32 Vgl. Eser, JZ 1978, 372 f. mit umfassenden Nachweisen der Rechtsprechung.

33 Preuß, S. 141; dies gilt auch bei vorsätzlichem Verhalten, z.B. beim Boxen.

34 Seit BGHZ 34, 355 ff.; grundlegend insoweit Stoll, Handeln auf eigene Gefahr, S. 305 ff.

35 Eine Präzisierung des Prinzips der Eigenverantwortlichkeit versucht Fiedler, S. 118 ff.

36 Vgl. etwa Schünemann, Rechtsprobleme, S. 474; Herzog/Nestler-Tremel, StV 1987, 369; differenzierend Jakobs AT, 7/129.

37 Vgl. Sch-Sch/Lenckner, Vor § 32 Rdn. 107; LK/Hirsch, Vor § 32 Rdn. 94; Dölling, GA 1984, 75 ff.; Roxin, Gallas-FS, S. 250; Frisch, JuS 1990, 369 f.; Pfeffer, S. 188f.; Stree, JuS 1985, 362 ff.; vgl. für die Rechtsprechung BayObLG, NJW 1990, 131, 132.

38 Umfassende Nachweise zum Streitstand bei Frisch, JuS 1990, 362 ff. und Schünemann, Rechtsprobleme, S. 474 ff.

39 Vgl. neuestens BayObLG, NJW 1990, 131, 132; im Ansatz auch BGHSt 36, 1, 37, wo allerdings im Ergebnis eine Stellungnahme unterblieben ist.

Kriterien dafür zu entwickeln, wann man von einer Zuständigkeit des Opfers für Selbstschutz sprechen kann[40]. Da sich eine solche Zuständigkeit nicht nur bei erkannten, sondern auch bei bloß erkennbaren Folgen des eigenen Verhaltens ergeben kann[41], zeigt sich auch hier die mangelnde Eignung des Rechtsinstituts der Einwilligung zur Problemlösung. Die Abgrenzung der Verantwortungsbereiche zwischen Eingreifendem und Verletztem muß anhand *objektiver* Kriterien erfolgen und kann deshalb nicht auf das psychische Faktum des Wollens der Beteiligten reduziert werden. Von daher erscheint etwa im Rahmen der AIDS-Problematik eine Differenzierung zwischen sexuellen Kontakten mit Angehörigen von Risikogruppen gegenüber Kontakten im Rahmen von engen Lebensbeziehungen sinnvoll[42].

Eine weitere Auseinandersetzung mit der Problematik soll hier unterbleiben. Fest steht, daß die Fälle der sog. Risikoeinwilligung in die allgemeine Zurechnungslehre gehören[43]. Nur so kann der Versuchung widerstanden werden, mit Hilfe von Einwilligungskonstruktionen die eigentlichen Kriterien und die notwendigen Differenzierungen zu verdecken, mit denen man die Verantwortungsbereiche zwischen den Mitwirkenden an einem gefahrträchtigen Geschehen voneinander abgrenzt.

Festzuhalten bleibt, daß eine Einwilligung nur dann vorliegt, wenn das Opfer den tatbestandsmäßigen Erfolg will, da nur in diesem Fall der Erfolg Ausdruck des Selbstbestimmungsrechts des einzelnen ist. Bei Fahrlässigkeitsdelikten ist dies regelmäßig nicht der Fall.

40 Vgl. dazu insbesondere Jakobs AT, 7/129 f., der allerdings verbal an der Einwilligungskonstruktion festhält; neue Ansätze bei Otto, Tröndle-FS, S. 170 ff.; Fiedler, S. 118 ff.; siehe auch schon Roxin, Gallas-FS, S. 242.

41 Jakobs AT, 7/129.

42 Vgl. zu Einzelheiten Jakobs AT (2. Auflage), 21/78; Herzog/Nestler-Tremel, StV 1987, 366.

43 Für die Behandlung als allgemeines Zurechnungsproblem plädiert neuerdings auch Roxin, Einwilligung, S. 29 Fn. 54; in der Tendenz auch schon ders., Gallas-FS, S. 252.

## E. Fehlende Einwilligungsmöglichkeit trotz Vorliegen eines Individualrechtsguts

### *I. Problemstellung*

Bislang wurde - mit Blick auf das Selbstbestimmungsrecht als allgemein anerkannte Grundlage - der Anwendungsbereich des Rechtsinstituts der Einwilligung dahingehend beschrieben, daß eine Strafbefreiung nur bei individualrechtsgutschützenden Tatbeständen und hier regelmäßig nur bei Vorsatztaten in Betracht kommt. Damit sind jedoch lediglich notwendige, nicht auch hinreichende Bedingungen für den Anwendungsbereich der Einwilligung dargetan. Nach geltendem Recht sind nämlich die §§ 216, 226 a StGB zu berücksichtigen. Bei dem Rechtsgut Leben - einem Individualrechtsgut par exellence - führt sogar eine qualifizierte Form der Einwilligung, ein ernstliches Verlangen, lediglich zu einer Strafmilderung. Man kann sich hier nicht mit dem Hinweis zufrieden geben, der Gesetzgeber habe eben in bestimmten Bereichen der Verfügungsgewalt des einzelnen Grenzen gesetzt. Abgesehen davon, daß mit dieser Aussage der Inhalt des § 226 a StGB nicht näher bestimmt werden kann, ist die Berechtigung dieser Einschränkung des Selbstbestimmungsrechts noch nicht dargetan. Die Überprüfung der materiellen Berechtigung aber ist Voraussetzung für eine mögliche Übertragung dieser Grenzen auf sonstige Individualrechtsgüter.

### *II. § 216 StGB als Einwilligungsgrenze*

Aus der Existenz des § 216 StGB läßt sich eine Einwilligungssperre hinsichtlich der - zumindest vorsätzlichen - Beeinträchtigung des Rechtsguts Leben nach geltendem Recht ableiten. Wenn nämlich schon ein ausdrückliches und ernstliches Verlangen des Opfers an der Strafbarkeit des Täters nichts ändert, sondern lediglich zu einer Strafmilderung führt, so ist der Täter erst recht strafbar, wenn eine bloße Zustimmung (= Einwilligung) des Opfers vorliegt. Wenn im folgenden die Berechtigung dieser Einschränkung des Selbstbestimmungsrechts überprüft wird, so geht es - entgegen verbreiteter, aber ungenauer Terminologie - nicht unmittelbar um den Strafgrund und die Berechtigung des § 216 StGB. Diese Vorschrift erkennt ja in Form einer Strafmilderung gegenüber § 212 StGB das Selbstbestimmungsrecht zumindest teilweise an. Zu klären ist vielmehr, warum die einverständliche Tötung *überhaupt* mit Strafe bedroht ist, sei es nach § 212 StGB (bei "bloßer" Einwilligung), sei es nach § 216 StGB (bei ausdrücklichem und ernstlichem Verlangen).

### *1. Die lediglich ergänzende Funktion von Beweisargumenten*

In der Literatur wird die Unbeachtlichkeit einer Einwilligung in die Tötung durch einen anderen mitunter mit Beweisargumenten begründet. Das Opfer einer Tötung könne eine vom Täter bloß behauptete Einwilligung nicht mehr widerlegen, so daß der Täter, auf den Satz in dubio pro reo vertrauend, strafrechtlich nichts mehr riskiere[44]. Von daher betrachtet *Arzt* die Bestrafung trotz Einwilligung als Strafe für den Verdacht, daß eine Einwilligung nicht vorlag[45]. Abgesehen davon, daß grundsätzlich Beweisfragen von Fragen der materiellen Berechtigung einer Norm streng zu trennen sind, verstößt die Konzeption einer *Verdachtsstrafe* gegen das Rechtsstaatsprinzip[46].

Beweisargumente können allenfalls als zusätzliche bzw. ergänzende Erwägungen herangezogen werden[47]; sie versagen aber bei der Frage nach dem Schutzobjekt einer Norm gänzlich.

### *2. Angebliches Interesse am Erhalt des Lebens des Einwilligenden als solchem*

Soweit in der Literatur materielle Gründe für die Unbeachtlichkeit der Einwilligung in eine Tötung angegeben werden, wird hierfür häufig ein Interesse am Erhalt des Lebens des Einwilligenden als solchem geltend

44 Vgl. Arzt, ZStW 83, 36; Otto, Tröndle-FS, S. 159; Tröndle, Referat M 36; auf die Mißbrauchsgefahr stellt - ergänzend - auch Sch-Sch/Lenckner, § 216 Rdn. 1 ab.

45 Arzt, ZStW 83, 37 Fn. 97.

46 So auch Dölling, GA 1984, 86.

47 Kritisch auch Hirsch, Welzel-FS, S. 778, 791 unter Anlehnung an Schmitt, Maurach-FS, S. 117 f.; Dölling, GA 1984, 85 f.; Engisch, H. Mayer-FS, S. 412: fadenscheinige Begründung; ebenso Kaufmann, MedR 1983, 124 mit dem zutreffenden Hinweis, daß ja auch bei der Abgrenzung zwischen den §§ 216 und 212 StGB Beweisprobleme auftreten.

gemacht, sei es im Interesse der Allgemeinheit, sei es im wohlverstandenen Interesse des einzelnen.

### *a) Staatsutilitaristische Begründung der Unverfügbarkeit des Lebens*

#### *aa) Darstellung der Lehre*

*Weigend* hat jüngst den Versuch unternommen, die Existenz des § 216 StGB und die Unbeachtlichkeit der Einwilligung in eine vorsätzliche Fremdtötung mit staatsutilitaristischen Interessen zu begründen. Es bestehe ein Interesse der Allgemeinheit daran, daß das Leben jedes einzelnen erhalten bleibe[48]. Eine Gesellschaft könne nur existieren, wenn ihre einzelnen Mitglieder physisch vorhanden seien. Ob daraus eine Pflicht des Individuums zum Weiterleben abzuleiten sei, läßt *Weigend* zunächst zwar offen. Andererseits sei ohne eine solche Pflicht des einzelnen zur Lebenserhaltung gegenüber dem Staat § 216 StGB nicht sinnvoll erklärbar[49].

*Weigend* selbst erkennt aber in der - allgemein anerkannten - Straflosigkeit der Selbsttötung einen naheliegenden Einwand gegen seine Konzeption[50]. Wenn nämlich der Staat ein Interesse an der Erhaltung des Lebens jedes einzelnen Bürgers hätte, so müßte konsequenterweise auch die (versuchte) Selbsttötung bei Strafe verboten sein[51]. Dieser naheliegende Einwand läßt sich aber widerlegen, wenn der (versuchte) Suizid tatbestandliches Unrecht wäre und nur aufgrund der besonderen Situation des Suizidenten auf eine Bestrafung verzichtet wird. Fremdtötung und Selbsttötung würden dann in gleicher Weise das von *Weigend* betonte öffentliche Interesse am Erhalt des Lebens jedes einzelnen verletzen. Überzeugend und stimmig ist damit der Lösungsvorschlag von *Weigend* nur dann, wenn die Straflosigkeit der Selbsttötung lediglich auf einem Schuldausschließungsgrund beruhen würde, so daß Anstiftung und Beihilfe zur Selbsttötung strafbar wären (§ 29 StGB!). Die täterschaftliche Tötung eines anderen auf dessen Wunsch müßte demnach erst recht mit Strafe bedroht sein.

48 Weigend, ZStW 98, 62.
49 Weigend, ZStW 98, 63, Fn. 69.
50 Weigend, ZStW 98, 65.
51 Noll, S. 67 f. hält es für abwegig, ein Interesse des Staates an der Erhaltung des Lebens des einzelnen zu konstruieren.

Die Argumentation *Weigends* steht und fällt also mit der Beantwortung der Frage, warum die Selbsttötung straflos ist. Sieht man bei § 216 StGB die Herbeiführung des Todes als unrechtsbegründend an, da ein öffentliches Interesse am Erhalt des Lebens der Individuen besteht, so muß auch bei der Selbsttötung dieses Interesse verletzt sein, die Selbsttötung müßte daher tatbestandsmäßig i.S.d. § 212 StGB sein. Ist aber die Selbsttötung bereits tatbestandslos und damit kein eigenständiges Unrecht, so kann auch bei einer Fremdtötung i.S.d. § 216 StGB kein solches Allgemeininteresse beeinträchtigt sein.

*bb) Unauflösbarer Wertungswiderspruch zur Tatbestandslosigkeit der Selbsttötung*

*Schmidhäuser*[52] hat zu begründen versucht, warum der (versuchte) Suizid tatbestandsmäßig i.S.d. § 212 StGB sei. Er argumentiert hier – ähnlich wie *Weigend* – ebenfalls mit dem emminenten öffentlichen Interesse an der Erhaltung des Lebens der Individuen. Bei § 212 StGB gehe es darum, die Existenzbedingungen der Gesellschaft aufrechtzuerhalten[53]. Auf die Strafbarkeit der (versuchten) Selbsttötung wird nach Meinung *Schmidhäusers* nur verzichtet, weil eine Strafdrohung gegenüber demjenigen, der sich aus der Gesellschaft verabschiede, keinen rechten Sinn mache. Bei dem Suizidenten liege daher immer ein - übergesetzlicher - Schuldausschließungsgrund vor[54]. Teilnahme bleibt nach dem Grundsatz der limitierten Akzessorietät möglich.

Diese Konzeption wird aber zu Recht allgemein abgelehnt. Die entscheidenden Argumente hiergegen sind bereits - insbesondere von *Roxin*[55] - vorgetragen, so daß hier eine kurze Zusammenfassung genügen kann. Der Wortlaut des § 212 StGB - das ist *Schmidhäuser* zuzuge-

52 Welzel-FS, S. 801 ff.; nicht eingegangen wird hier auf die abenteuerlich anmutende Konzepzion von Bringewat, ZStW 75, 648, der die Straflosigkeit der Selbsttötung mit gesetzesgleichem Gewohnheitsrecht zu begründen versucht, vgl. dazu statt aller Roxin, Dreher-FS, S. 342.

53 Schmidhäuser, Welzel-FS, S. 817.

54 Schmidhäuser, Welzel-FS, S. 815.

55 Dreher-FS, S. 335 ff.; ihm folgend Bottke, GA 1983, 26 f.; ebenso Neumann, JuS 1985, 678 und die ganz h.M., vgl. nur Sch-Sch/Eser, Vor § 211 Rdn. 33 ff.

stehen - läßt Raum für beide Deutungsmöglichkeiten. § 212 StGB würde dann zu lesen sein: "Wer sich oder einen anderen tötet, ...". Gegen die Tatbestandsmäßigkeit der Selbsttötung spricht aber zunächst die historische Interpretation. Der historische Gesetzgeber wollte durch die §§ 211 ff. StGB nur die Tötung eines anderen Menschen unter Strafe stellen[56]. Weiterhin bestehen gravierende systematische Bedenken. Das StGB geht bei allen anderen Delikten gegen die Person davon aus, daß es sich um Fremdschädigungen handelt (§§ 223, 303). Wieso soll bei § 212 StGB etwa anderes gelten[57]? Von einer Lebenspflicht des einzelnen auszugehen, erscheint im übrigen auch staatstheoretisch höchstbedenklich. Der Staat entnimmt seine Existenzberechtigung der Gesellschaft, nicht aber sind die Gesellschaftsmitglieder verpflichtet zu existieren für den Staat[58]. Es bleibt dem einzelnen unbenommen, sich durch Tötung von dem Gesellschaftsvertrag loszusagen. Hier greift das Prinzip der Eigenverantwortlichkeit des Individuums durch[59].

*cc) Ergebnis*

Bei einer Selbsttötung wird sonach bereits das tatbestandlich vorausgesetzte Unrecht des § 212 StGB nicht verwirklicht; folglich ist auch die Suizidbeteiligung straflos. Hiermit steht *Weigends* Begründung des § 216 StGB - Lebenserhaltung des einzelnen, damit dieser seine Aufgaben in der Gesellschaft wahrnehmen könne - im inneren Widerspruch. Ein wie auch immer geartetes staatsutilitaristisches Interesse ist also ungeeignet, die durch § 216 StGB erfolgte Einschränkung der Beachtlichkeit der Einwilligung zu erklären.

56 Vgl. nur Roxin, Dreher-FS, S. 366; Bottke, GA 1983, 26; vgl. zum grundsätzlichen Methodenstreit zwischen subjektiver und objektiver Theorie nur Jakobs AT, 4/19 ff.; Jescheck, § 17 IV 2.

57 Roxin, Dreher-FS, S. 337.

58 Treffend Berner, Lehrbuch, S. 98: "Das Individuum ist dem Staat und den anderen verpflichtet, solange es lebt; es ist ihnen aber nicht verpflichtet, zu leben". So auch Arthur Kaufmann, MedR 1983, 124, allerdings ohne Berner zu zitieren.

59 Vgl. Roxin, Dreher-FS, S. 338; genauer und ausführlicher hierzu Neumann, JA 1987, 248 f.; auf das Selbstverantwortungsprinzip stellt auch Sch-Sch/Eser, Vor § 211 Rdn. 35 ab.

### b) *Paternalistische Begründung der Einwilligungsgrenze*

#### *aa) Darstellung*

Andere Erklärungsversuche für die sich aus § 216 StGB ergebende Einschränkung des Selbstbestimmungsrechts legen das Schwergewicht auf die Interessen des Individuums selbst. In gewissen Grenzen - so z.B. *Stratenwerth*[60] - sei es erforderlich, den einzelnen gegen den augenblicklichen Gebrauch seines Rechts durch ihn selbst zu schützen. Ganz ähnlich argumentiert *Hoerster*[61], die wohlverstandenen Interessen des Individuums gingen in der Regel dahin, vor zwar freiwillig, aber leichtsinnig und übereilt vorgenommenen Entscheidungen durch die Rechtsordnung geschützt zu werden. Ein solcher Fall trete immer dann ein, wenn abzusehen sei, daß das Individuum seine Entscheidung später bereuen würde. Dies sei bei der Tötung immer anzunehmen, da hier die Person, um deren Freiheit es gehe, unwiderruflich vernichtet werde[62].

#### *bb) Wertungswidersprüche zum Grundgedanken der Einwilligung und zur Tatbestandslosigkeit der Selbsttötung*

Die oben aufgezeigten Ansätze sind vor allem dem Vorwurf des Paternalismus ausgesetzt[63]. Dem hat *Stratenwerth*[64] das Postulat mitmenschlicher Solidarität entgegengehalten. Damit allerdings weicht er lediglich auf eine Umschreibung aus, die nicht geeignet ist, den Vorwurf der Bevormundung des einzelnen Bürgers zu entkräften. Die Anerkennung der Einwilligung beruht nämlich gerade darauf, daß dem Individuum die Fähigkeit zu freier Selbstbestimmung zuerkannt wird[65]. Schutz vor sich

60 AT, Rdn. 374; ihm folgend Dölling, GA 1984, 86; ebenso Roxin, Einwilligung, S. 30; entsprechende Argumentation bei Noll, OLG-Zweibrücken-FS, S. 223 für den Bereich der Körperverletzung.

61 ZRP 1988, 3; ders., JZ 1971, 125; für den Bereich der Körperverletzungsdelikte auch Arzt/Weber, LH 1 Rdn. 274.

62 Stratenwerth AT, Rdn. 375.

63 Hirsch, Welzel-FS. S. 783; Sch-Sch/Eser, § 216 Rdn. 1.

64 AT, Rdn. 375.

65 Dies erkennt auch Stratenwerth AT, Rdn. 363 selbst an, weshalb Hirsch, Welzel-FS, S. 784 darauf hinweist, daß der Staat als Gouvernante schlecht in ein Konzept passe, in dem man - wie Stratenwerth - die Rechtsgüter der Person ganz auf dem

selbst bedarf der einzelne prinzipiell nur dann, wenn er selbst eine frei verantwortliche Entscheidung nicht treffen kann. Im Ergebnis läuft die paternalistische Betrachtungsweise darauf hinaus, den in seine Tötung Einwilligenden *stets* als einwilligungsunfähig anzusehen, da er ja die Tragweite seiner Entscheidung selbst nicht übersehen kann. In letzter Konsequenz müßte dies zur Unanwendbarkeit des § 216 StGB führen, da von einer unmündigen Person auch kein "ernstliches" Verlangen geäußert werden kann[66].

Neben diesen Wertungswidersprüchen zum Grundgedanken der Einwilligung treten aber auch Diskrepanzen zur Tatbestandslosigkeit der Selbsttötung auf. Den materiellen Grund für die Tatbestandslosigkeit der Selbsttötung stellt das Prinzip der Eigenverantwortlichkeit dar[67]. Wenn aber bei der Selbsttötung ein - normativ betrachtet[68] - frei verantwortliches Handeln des Individuums angenommen wird, muß der einzelne auch bei der Einwilligung in eine Fremdtötung prinzipiell als selbstverantwortlich angesehen werden, wenn nicht relevante Willensmängel die Verantwortlichkeit im Einzelfall ausschließen.

Mit paternalistischen Gesichtspunkten ist daher eine widerspruchsfreie Erklärung der Unbeachtlichkeit der Einwilligung in eine Fremdtötung nicht möglich[69].

### *3. Rechtspolitische Forderung nach völliger Straflosigkeit der einverständlichen Fremdtötung*

Die bisherigen Überlegungen haben gezeigt, daß die Einwilligungsgrenze des § 216 StGB weder mit einem allgemeinen Interesse an dem Erhalt des Lebens jedes einzelnen noch mit einem wohlverstandenen Interesse

Hintergrund des zur Selbstbestimmung fähigen sog. mündigen Staatsbürgers sehe.

66 Zutreffend insoweit Schmitt, Maurach-FS, S. 118; vgl. auch Arthur Kaufmann, MedR 1983, 124.

67 Vgl. dazu ausführlich Neumann, JA 1987, 248 f.; Hohmann/König, NStZ 1989, 308 f.; Stree, JuS 1985, 181 f.

68 Der Begriff der Eigenverantwortlichkeit meint eine normative Zuständigkeit, keine empirische Fähigkeit, vgl. Neumann, JA 1987, 249.

69 Zudem müßte bei paternalistischer Betrachtung jede Nichthinderung einer Selbsttötung durch Garanten strafbar sein, was aber zu Recht überwiegend abgelehnt wird, vgl. etwa Stree, JuS 1985, 183 m.w.Nw.

des Individuums widerspruchsfrei erklärt werden kann. Dies ist vor allem durch die Straflosigkeit der Selbsttöung und der Mitwirkung an ihr bedingt. Um so mehr fragt sich, welcher innere Grund den § 216 StGB und damit die Einschränkung der Einwilligungsmöglichkeit trägt. Gerade im Hinblick auf das oben erzielte Ergebnis ist auch genau der entgegengesetzte Standpunkt vertretbar und zumindest de lege ferenda die Streichung des § 216 StGB nahegelegt. Tatsächlich hat insbesondere *Schmitt*[70] die These aufgestellt, die einwilligungsgetragene Fremdschädigung sei nichts anderes als eine mittelbare Selbstschädigung, so daß die einverständliche Fremdtötung ebenso wie die Selbsttötung straflos gestellt werden müsse. § 216 StGB stelle im geltenden StGB eine Systemwidrigkeit dar.

Auch nach *Schmitt* leidet das geltende Recht also an einem Wertungswiderspruch. Während die oben referierten Autoren diesen Widerspruch in der Straflosigkeit von Suizidversuch und Suizidbeteiligung sehen (müssen), erblickt *Schmitt* ihn gerade umgekehrt in der Pönalisierung der einverständlichen Fremdtötung in § 216 StGB. Kann also eine in sich stimmige Regelung von Suizid bzw. Suizidbeteiligung und Tötung auf Verlangen nur durch eine Gesetzesänderung herbeigeführt werden?

### *4. Tabuisierung fremden Lebens zur Sicherung des Lebens aller Mitmenschen*

#### *a) Aufhebung des angeblichen Wertungswiderspruchs zwischen einverständlicher Fremdtötung und Selbsttötung de lege lata*

In der Literatur ist insbesondere von *Engisch* und *Hirsch*[71] der Versuch unternommen worden, den (angeblichen) Wertungswiderspruch de lege

70 Maurach-FS, S. 115, 118; i.E. ebenso Marx, S. 65 f.; LK/Schroeder, § 16 Rdn. 180; vgl. auch Arthur Kaufmann, MedR 1983, 124 f., der für einen grundsätzlichen Strafverzicht eintritt, aber Ausnahmen bei Sittenwidrigkeit der Tat annehmen möchte; im früheren Schrifttum findet sich die Forderung nach Streichung des § 216 StGB schon bei Keßler, S. 82 ff.

71 Engisch, Mayer-FS, S. 415; Hirsch, Welzel-FS, S. 779; ders., Lackner-FS, S. 612.

lata aufzulösen. Sie weisen darauf hin, daß zwischen Selbsttötung und einverständlicher Fremdtötung ein erheblicher Unterschied bestehe, der auch rechtlich bedeutsam sei. Wenn man die Tötung auf Verlangen freigebe, werde damit die Achtung vor fremdem Leben beeinträchtigt. Hinter dem Verbot der einverständlichen Fremdtötung stehe nicht bloß der Gedanke des Respekts vor dem Leben, sondern vielmehr der der Wahrung des Respekts vor dem Leben der Mitmenschen[72]. Damit rückt in erster Linie die Sicherung des Lebens der *Mitmenschen* in den Mittelpunkt; hierzu sei es erforderlich, fremdes Leben prinzipiell als unantastbar zu erklären, es zu tabuisieren[73].

Dieser Konzeption kommt der Vorzug zugute, die unterschiedliche Behandlung von Suizid und Suizidteilnahme einerseits und der einverständlichen Fremdtötung andererseits erklären zu können. Bei einer Selbsttötung kann das Tabu der Unantastbarkeit fremden Lebens bereits definitionsgemäß nicht tangiert werden.

*b) Systemwidrige Durchbrechung des Tötungstabus bei fahrlässiger Tötung*

Bei näherer Betrachtung erheben sich jedoch auch gegen diese Lösung Bedenken. Dabei ist auf die oben erörterte Problematik der sog. Risikoeinwilligung zurückzukommen. Nach der hier vertretenen Meinung scheidet bei einer bloßen Zustimmung des Individuums in eine Lebensgefährdung, die im Ergebnis zum Tode führt, die Einwilligung aus, da der Verletzungserfolg gerade nicht gewollt war; so etwa, wenn jemand bei der Fahrt mit einem erkennbar fahruntüchtigen Fahrer tödlich verunglückt. Allerdings kann sich eine Strafbefreiung des Täters aus dem Grundsatz der Eigenverantwortlichkeit des Opfers ergeben, so daß sich Unterschiede zur h.M. hauptsächlich hinsichtlich der Frage ergeben, wie die Mitwirkung des späteren Opfers dogmatisch zu erfassen ist. Beide

72 Hirsch, Lackner-FS, S. 612; in diesem Sinne auch Roxin, Einwilligung, S. 30; Otto, Tröndle-FS, S. 158; auch Jakobs AT, 14/5 verweist darauf, daß § 216 StGB der Garantie des allgemeinen Tötungsverbots gelte.

73 Vgl. Engisch, Mayer-FS, S. 415; Hirsch, Welzel-FS, S. 779; Otto, Tröndle-FS, S. 158; ders., Gutachten, D 54; Sch-Sch/Eser, § 216 Rdn. 1; Roxin, Einwilligung, S. 30; in diesem Sinne auch Stratenwerth, SchZStr 95, 67 zur Erklärung des Art. 114 schw. StrGB, der § 216 StGB entspricht.

Lösungsmodelle müssen sich aber gleichermaßen mit dem Problem auseinandersetzen, inwieweit die Berücksichtigung des Opferverhaltens durch die Existenz des § 216 StGB ausgeschlossen ist[74].

Wenn es bei § 216 StGB wirklich um die Bewahrung des Grundsatzes der Unantastbarkeit fremden Lebens ginge, müßte die "einverständliche" fahrlässige Tötung konsequenterweise ebenso verboten sein wie die einverständliche vorsätzliche Tötung[75]. In beiden Fällen würde nämlich das Tötungstabu verletzt; ob dies vorsätzlich oder fahrlässig geschieht, könnte allenfalls bei der Frage der Unrechtsquantifizierung eine Rolle spielen. Es überrascht daher, wenn Autoren, die die Existenz des § 216 StGB mit dem Tabuisierungsgedanken begründen, der "Einwilligung" in eine fahrlässige Tötung generell oder zumindest unter bestimmten Voraussetzungen strafbefreiende Wirkung zuerkennen[76]. So soll etwa in dem eingangs aufgeführten Beispiel der Fahrer jedenfalls dann nicht strafbar sein, wenn der Fahrgast auf die gefährliche Fahrt nur gedrängt hatte, weil dies für ihn die einzige Möglichkeit war, seinen auf dem Sterbebett liegenden Vater noch einmal lebend zu sehen[77]. In diesem Fall ist die Strafbedürftigkeit in der Tat zu verneinen[78]. Damit wird aber die auf dem Prinzip

74 Dies verkennt Otto, Tröndle-FS, S. 173 f.

75 Auf der Grundlage der Tabuisierungslehre fordert dies insbesondere Dölling, GA 1984, 87. Er gibt diesen Grundsatz aber selbst wieder auf, wenn er eine Abwägung zwischen dem Grad der Lebensgefahr und dem Wert der Ausübung des Selbstbestimmungsrechts sowie dem Wert der mit der Tat verfolgten Zwecke andererseits zuläßt und somit zu Ausnahmen kommt, GA 1984, 90. Ein "Tabu" läßt definitionsgemäß keine Ausnahmen zu. Vgl. aber auch BGHSt 4, 88, 93; Jescheck, § 56 II 3 und Bickelhaupt, NJW 1967, 713 f.: Leben als unverzichtbares Rchtsgut; Geppert hat seine in ZStW 83, 954 vertretene Meinung in Jura 1987, 672 Fn. 32 aufgegeben: Einwilligung soll auch bei fahrlässiger Tötung möglich sein.

76 Vgl. insbesondere LK/Hirsch, Vor § 32 Rdn. 95; Otto, Jura 1984, 540; Dölling, GA 1984, 87, 91: "qualifizierte Einwilligung"; Sch-Sch/Lenckner, Vor § 32 Rdn. 104; ebenso Schaffstein, Welzel-FS, S. 571; SK/Samson, Anhang zu § 16 Rdn. 33.

77 Dölling, GA 1984, 88 unter Bezugnahme auf ein von Schaffstein, Welzel-FS, S. 571 gebildetes Beispiel.

78 So mit Recht Dölling, GA 1984, 88; vgl. zu ähnlichen Beispielen, in denen das Verhalten des Täters auf einem objektiv vernünftigem Handlungsanlaß beruht, Jakobs AT, 7/126 Fn. 193; LK/Hirsch, Vor § 32 Rdn. 95, 107; Stratenwerth AT, Rdn. 1116.

der Unantastbarkeit fremden Menschenlebens beruhende Begründung des § 216 StGB entwertet. In sich stimmig sind nämlich nur zwei Begründungsstränge: Entweder beruht § 216 StGB auf dem Tabuisierungsgedanken; dann müßte auch eine "einverständliche" fahrlässige Tötung generell verboten sein. Oder man läßt die "Einwilligung" (nach der hier vertretenen Meinung die Berücksichtigung des Opferverhaltens) in eine fahrlässige Tötung zumindest teilweise zu; dann kann die Einwilligungsgrenze des § 216 StGB nicht mit dem Unantastbarkeitsdogma begründet werden.

### *5. Eigener Lösungsvorschlag: Sozialer Frieden als Schutzgut des Verbots der einverständlichen Fremdtötung*

#### *a) Verstoß gegen tief verwurzelte Wertvorstellungen in der Gesellschaft*

Bei den bislang für die Einschränkung des Selbstbestimmungsrechts angeführten Erklärungsversuchen steht das Rechtsgut Leben im Mittelpunkt. Teilweise wird ein Interesse am Leben des Einwilligenden als solchem geltend gemacht, andere Autoren stellen auf den durch eine Tabuisierung erfolgenden Schutz des Lebens der Allgemeinheit ab. Immerhin spricht auch die Überschrift des 16. Abschnitts des Strafgesetzbuchs von Straftaten gegen das Leben. Alle Erklärungsversuche kranken aber an gravierenden Wertungswidersprüchen[79].

Löst man sich dagegen von dem Leben als Schutzgut des § 216 StGB, fragt vielmehr umgekehrt nach Gründen für die Pönalisierung der einverständlichen Fremdtötung, eröffnen sich neue - wertungsstimmige - Erklärungsmodelle. Hierbei ist zu berücksichtigen, daß Normen nicht losgelöst von ihrem sozialen Kontext interpretiert werden können. Insbesondere *Hassemer*[80] hat nachgewiesen, daß das kulturelle Wertbewußtsein der jeweiligen Gesellschaft einen nicht unerheblichen Einfluß auf das Entstehen strafrechtlicher Normen hat und mitunter sogar die einzig

79 Vgl. demgegenüber zu dem Grundsatz, Normen dahingehend auszulegen, daß Wertungswidersprüche möglichst vermieden werden, ausführlich Larenz, Methodenlehre, S. 321 ff. und Jakobs AT, 4/37 ff. zur Notwendigkeit der Systembildung.

80 Theorie und Soziologie des Verbrechens, S. 126 ff. und passim.

sinnvolle Erklärung mancher Strafnorm ermöglicht. Das soll etwa an dem Verbot der Tierquälerei gem. § 17 TierSchG verdeutlicht werden: Im Unterschied zu § 303 StGB geht es bei dieser Norm nicht um die Zerstörung oder Minderung des Gebrauchswerts der Sache Tier für den Menschen. Die Vorschrift läßt sich nur damit erklären, daß das pönalisierte Verhalten gegen Wertüberzeugungen verstößt, die in unserer Gesellschaft tief verwurzelt sind[81]. Solche allgemeinen Wertüberzeugungen lassen sich in einer wertpluralistischen Gesellschaft naturgemäß nicht häufig feststellen. Neben § 17 TierSchG finden sich aber auch im Kernstrafrecht Vorschriften, bei denen zumindest der Gesetzgeber davon ausgeht, daß ein bestimmtes Verhalten dem sittlichen Empfinden der Gesellschaftsmitglieder widerspricht und er dieses Verhalten *gerade deshalb* verbietet[82]. Zu nennen sind hier etwa[83] die Verbote des Verwandtenbeischlafs (§ 173 StGB)[84], des Exhibitionismus (§ 183 StGB), der Erregung öffentlichen Ärgernisses (§ 183 a StGB)[85] und der Verunglimpfung des Andenkens Verstorbener (§ 189 StGB).

Vor diesem Hintergrund ist aber auch eine Erklärung des Verbots der einverständlichen Fremdtötung möglich. In unserer Gesellschaft wird das Leben als höchstes Gut angesehen; die Grundlage jeder menschlichen

81 Eingehend Hassemer, S. 154; Amelung, Rechtsgüterschutz, S. 346; Gallas, Beiträge, S. 13; Stratenwerth, Leitprinzipien, S. 25; Jescheck, § 1 III (S. 6); Jakobs AT, 2/19; Fischer, GA 1989, 459 versucht neuerdings allerdings, § 17 TierSchG als extremes abstraktes Gefährdungsdelikt zu interpretieren, durch das der Menschenschutz vorverlagert werde. Daß eine solche Vorverlagerung erforderlich ist, läßt sich freilich immer behaupten und ist daher als Begründung für eine Norm untauglich; kritisch zu solchen Begründungen auch Jakobs AT, 2/19.

82 Hiervon ist das allgemeinere Problem zu unterscheiden, ob die Pönalisierung generell auf Taten beschränkt werden sollte, die nach den jeweils herrschenden Wertüberzeugungen ein solches Verbot rechtfertigen, dazu Stratenwerth AT, Rdn. 50 ff.

83 Vgl. die Aufzählung bei Jakobs AT, 2/19; Amelung, Rechtsgüterschutz, S. 346; SK/Rudolphi, Vor § 1 Rdn. 11.

84 Vgl. auch Sch-Sch/Lenckner, § 173 Rdn. 1, der die Vermutung äußert, daß mit § 173 letztlich doch überlieferte Moralvorstellungen strafrechtlich sanktioniert werden; ebenso Jung, Leferenz-FS, S. 312, die die eigentliche Legitimation des Inzests in der vermuteten moralischen Ablehnung solcher Handlungsweisen durch die Gesellschaft sieht; für die Beschränkung der Strafbarkeit auf die Fälle des Inzests mit Unmündigen Stratenwerth, Hinderling-FS, S. 312.

85 Vgl. dazu Lackner, § 183 a Anm. 1; Dreher/Tröndle, § 183 a Rdn.1.

Selbstbestimmung wird durch Tötung vernichtet. Von daher stellt der bloße Wille, sterben zu wollen, noch keinen hinreichenden Anlaß dar, den Sterbewilligen zu töten. Hier bestehen in noch stärkerem Maße als etwa beim Tierschutz tief in der Gesellschaft verwurzelte Wertüberzeugungen, die der Täter verletzt. Zumindest geht das Gesetz davon aus, daß diese Einschätzung der sittlichen Überzeugung der bundesrepublikanischen Gesellschaft entspricht. Worauf wiederum die Wertvorstellung in der Gesellschaft beruht, läßt sich - auch empirisch - nur schwer feststellen. Z.T. geht es wohl um religiöse Motive. Plausibel erscheint auch die Vermutung von *Hassemer*[86], der auf das "Phänomen des verhüllten Todes" verweist und den Tod als Ereignis bezeichnet, dessen Bedeutung die Gesellschaft nicht zu fassen vermag. Auch irrationale Gesichtspunkte kommen hier also ins Spiel.

Sieht man die sich aus § 216 StGB ergebende Einwilligungsgrenze in Parallele zu der in § 226 a StGB normierten Grenze, so kann man die Unbeachtlichkeit der Einwilligung bei einer vorsätzlichen Fremdtötung auch dahin ausdrücken, daß die Tat trotz der Einwilligung sittenwidrig ist[87].

*b) Unbeachtlichkeit einer bloßen Moralwidrigkeit*

Bei dieser Lösung erheben sich jedoch sofort Bedenken. Wenn Strafgrund der einverständlichen (vorsätzlichen) Fremdtötung der Verstoß gegen bestimmte Wertvorstellungen wäre, so läßt sich argumentieren, würde also eine bloße Moralwidrigkeit bestraft[88]. Allgemein anerkannt ist aber, daß Verhaltensweisen, die keinerlei schädliche Wirkungen auf den gesellschaftlichen Funktionsorganismus ausüben, deren Unwertgehalt sich mithin in einer reinen Moralwidrigkeit erschöpft, als Gegenstand

86 S. 187.

87 In diesem Sinne auch Arzt, Willensmängel, S. 36.

88 Bezeichnend sind insoweit die Ausführungen von Weigend, ZStW 98, 63 Fn. 69, der darauf hinweist, ohne der von ihm bejahten Lebenspflicht des einzelnen ließe sich § 216 StGB wohl nur mit der bloßen Moralwidrigkeit begründen. Allerdings hat es das BVerfG in der sog. Homosexuellenentscheidung BVerfGE 6, 389, 434 als ausreichend angesehen, wenn ein Verhalten eindeutig gegen das Sittengesetz verstößt; kritisch dazu Amelung, Rechtsgüterschutz, S. 320 ff.

strafrechtlicher Verbote und Gebote auszuscheiden haben[89]. Die Inhalte des Verhaltens anderer Menschen um der *Inhalte selbst* willen strafrechtlich zu regeln, wäre weder mit der Menschenwürde aus Art. 1 GG, noch mit dem Grundrecht des Art. 2 I GG und dem Rechtsstaatsprinzip vereinbar und damit verfassungswidrig[90]. Geht es also bei § 216 StGB um die Sanktionierung einer bloßen Moralwidrigkeit, so daß die von *Schmitt*[91] erhobene Forderung nach Streichung der Vorschrift und Freigabe der einverständlichen Tötung gerechtfertigt ist?

*c) Sozialer Frieden als unmittelbares Schutzgut*

Diese Fragestellung suggeriert, daß dem Befolgen von strafrechtlich sanktionierten "bloßen" Wertvorstellungen keinerlei Funktion für die Schaffung oder Erhaltung des gesellschaftlichen Lebens zukommt. Allerdings ist diese Einschätzung vorschnell. Das zeigt sich, wenn man sich die Wirkung vergegenwärtigt, die ein Verstoß gegen tief in der Gesellschaft verwurzelte Kulturnormen hat[92]. Die Folge ist nämlich eine Desorientierung der Gesellschaft, die so weit gehen kann, daß die Bevölkerung diesen Normen im Wege unkontrollierter Selbsthilfe Geltung zu verschaffen sucht[93]. *Amelung*[94] hat dies etwa für das Verbot der Tierquälerei aufgezeigt. Entsprechendes muß für das Verbot der einverständlichen Fremdtötung gelten. Wenn hier das Strafrecht eingreift, kommt dem eine friedenserhaltende Funktion zu. Es geht daher um den unmit-

89 Vgl. SK/Rudolphi, Vor § 1 Rdn. 1, 10; Jakobs AT, 2/21; Sch-Sch/Lenckner, Vor § 13 Rdn. 10; Hoerster, JZ 1971, 124; ausführlich dazu auch Noll, OLG-Zweibrücken-FS, S. 214 ff.

90 Siehe auch Amelung, Rechtsgüterschutz, S. 318.

91 Maurach-FS, S. 118.

92 Der Mensch ist eben keine vereinzelte Insel, sondern Teil eines sozialen Archipels, wie Hirsch, Welzel-FS, S. 800 am Ende seiner Untersuchung zutreffend feststellt.

93 Vgl. zu Einzelheiten Amelung, Rechtsgüterschutz, S. 346; Hassemer, S. 241: Entstehung von Konflikten bei Verfehlung der sozialen Werterfahrung; SK/Rudolphi, Vor § 1 Rdn. 11; Jakobs AT, 2/20; im Ansatz auch Jung, Leferenz-FS, S. 320 im Zusammenhang mit der Inzestproblematik, wobei Jung im Ergebnis bei einem Verstoß gegen § 173 StGB eine relevante desorientierende Wirkung verneint und deshalb die Streichung der Vorschrift fordert.

94 Rechtsgüterschutz, S. 346.

telbaren Schutz des sozialen Friedens[95]. Von der Bestrafung bloß unmoralischen Verhaltens ohne jegliche Funktion für das gesellschaftliche Zusammenleben kann daher keine Rede sein. Daß die öffentliche Beunruhigung durch die Verhaltensweisen möglicherweise auf einem Mangel an Aufklärung beruht, ändert an der friedenserhaltenden Funktion der Norm nichts. *Jakobs*[96] weist zutreffend darauf hin, daß eine nicht aufgeklärte Gesellschaft und ein aufgeklärtes Strafrecht nicht zusammen kommen könnten.

Die hier vorgeschlagene Deutung des Verbots der einverständlichen Fremdtötung ist allerdings nur dann in sich stimmig, wenn die vom Gesetz angenommene Unzulässigkeit des pönalisierten Verhaltens den gesellschaftlichen Wertüberzeugungen tatsächlich (noch) entspricht. Insoweit hat die von *Engisch*[97] getroffene und von *Hirsch*[98] überprüfte Feststellung, die Erwartung der Unzulässigkeit der einverständlichen Fremdtötung sei nicht bloß sittliche oder atavistische Anschauung einer einzelnen Gruppe, sondern geistiger Besitz der Allgemeinheit, auch heute nichts an Aktualität verloren.

*d) Sonderproblematik der Euthanasie*

Wenn der Inhalt des § 216 StGB als Gemeingut angesehen werden kann, so drängt sich allerdings die Frage auf, wie diese Erkenntnis mit der neu entflammten Diskussion um die Zulässigkeit der Sterbehilfe zu vereinbaren ist[99]. Verstößt es - so könnte man fragen - auch gegen allgemein an-

95 Besonders deutlich insoweit Jakobs AT, 2/20; eine entsprechende Argumentation findet sich bei Lenckner, JuS 1968, 308 für die Parallelproblematik der Körperverletzung. Wenn die Tat trotz der Einwilligung so anstößig sei, daß sie mit dem Makel einer schweren Störung des sozialen Ordnung behaftet bleibe, könne der Gesetzgeber um dieser Ordnung willen durchaus gute Gründe haben, an dem Verbot festzuhalten.

96 AT, 2/20; vgl. auch Hassemer, S. 244, der fordert, daß das Strafrecht nicht seiner Zeit voraus sein dürfe, sondern rational mit dem Irrationalen rechnen müsse und eine Veränderung des sozialen Werterfahrung anzustreben sei.

97 Mayer-FS, S. 415.

98 Welzel-FS, S. 789.

99 Ausführlich zur Problematik Otto, Gutachten, D 29 ff.; kritisch Hoerster, ZRP 1988, 3.

erkannte Wertüberzeugungen, einem Menschen, der infolge einer unheilbaren Krankheit schwere Qualen zu erleiden und nur noch kurze Zeit zu leben hat, auf dessen ausdrücklichen Wunsch hin die erlösende Spritze zu geben? Die in der Literatur zunehmend geäußerten Zweifel[100] an der Anwendbarkeit des § 216 StGB legen nahe, die Frage zu verneinen.

Dies ändert jedoch nichts an dem oben entwickelten Strafgrund des § 216 StGB. Es hat sich gezeigt, daß die Wertvorstellungen dahin gehen, eine Fremdtötung auf den bloßen Willen des Betroffenen hin als unzulässig anzusehen. Hierin liegt der Grund für die rechtliche Unbeachtlichkeit der Einwilligung. In den Fällen der Euthanasie geht es dagegen darum, ob eine Fremdtötung möglicherweise dann zulässig sein sollte, wenn zu dem ernstlichen Verlangen des Betroffenen *weitere* Gründe hinzukommen[101]. Damit befindet man sich aber nicht mehr im Bereich der Einwilligungsdogmatik. Die Einwilligung ist gerade dadurch gekennzeichnet, daß der bloße Wille des Individuums zur Straflosigkeit des eingreifenden (potentiellen) Täters führt. Wenn eine Einwilligung unbeachtlich ist, führt dies aber nicht notwendig zur Strafbarkeit des Täters. Ebenso wie oben bei der Problematik des Einwilligungsgegenstandes die Nichtanwendbarkeit des Instituts der Einwilligung es nicht ausschloß, andere Rechtsinstitute (etwa: erlaubtes Risiko) heranzuziehen, gilt dies auch bei der durch § 216 StGB angezeigten Einwilligungsgrenze. Zumindest diskussionswürdig ist hier die Anwendung des § 34 StGB in Extremfällen, in denen die nicht zu verhindernden körperlichen Qualen eines erlöschenden Lebens so unerträglich werden, daß als einzige humanitäre Hilfe bleibt, dem darum Bittenden direkt das Sterben abzukürzen[102]. Da dies aber kein Einwilligungsgesichtspunkt ist, wird durch

100 Vgl. etwa Arthur Kaufmann, MedR 1983, 124; weitere Nachweise bei Otto, Gutachten, D 54 ff.

101 Vgl. auch Jakobs AT, 14/5 Fn. 7, der feststellt, daß allein der Wortlaut des § 216 StGB über die Lage bei Verlangen plus weiteren Gründen nichts sage; in diesem Sinne auch schon Geilen, S. 25.

102 Vgl. zu Überlegungen in diese Richtung Hirsch, Welzel-FS, S. 796; Engisch, Mayer-FS, S. 415: durchaus diskutabel; i.E. auch Weigend, ZStW 98, 68; Otto, Gutachten, D 56 f., D 59, D 92: Achtung menschlicher Würde als höherrangiges Interesse gegenüber der Verlängerung eines qualvollen Leidens; vgl. auch Geilen, S. 26, der zwar den Konflikt zwischen Schmerzverlängerung und Lebensverkürzung sieht, im Ergebnis aber gleichwohl eine Rechtfertigung (S. 29) ablehnt.

die Sonderproblematik der Euthanasie die oben entwickelte Einwilligungsgrenze bei vorsätzlichen Tötungen nicht in Frage gestellt.

*e) Relevanz des § 216 StGB bei der sog. Risikoeinwilligung*

Die hier entwickelte Erklärung für die Einschränkung der Einwilligungsmöglichkeit bei einer Tötung erlangt auch bei der sog. Risikoeinwilligung Bedeutung. Zwar liegt in diesen Fallkonstellationen regelmäßig keine Einwilligung vor, da der Verletzungserfolg nicht gewollt ist, der Betroffene vielmehr darauf vertraut, es werde nichts passieren (vgl. oben D.II.). Eine Haftungsbefreiung des Täters kann sich allerdings aus dem Grundsatz der Eigenverantwortlichkeit des Opfers ergeben. Die dem § 216 StGB zugrundeliegenden Wertvorstellungen schränken die Möglichkeit, das Opferverhalten zu berücksichtigen, ein. Solange es für das Eingehen einer Lebensgefahr keinen sachlich vernünftigen Grund gibt, wird das Verhalten des Täters ebenso mißbilligt, wie wenn jemand einen anderen auf dessen bloßen Willen hin tötet. Beispiel: Jemand geht das Risiko einer Autofahrt mit einem erkennbar angetrunkenen Fahrer nur ein, um die Taxikosten zu sparen. Kommt es zum tödlichen Unfall, so ändert die Opfermitwirkung nichts an der Verletzung allgemeiner gesellschaftlicher Wertvorstellungen, die den § 216 StGB tragen. Auch bei einer solchermaßen "einverständlichen" fahrlässigen Tötung können jedoch Gesichtspunkte hinzutreten, die der Interessenabwägung beim Notstand i.S.d. § 34 StGB entsprechen und zu einer Rechtfertigung des Täterverhaltens führen. Wenn es sich etwa im obigen Beispielsfall bei dem Fahrgast um einen Arzt handelt, der sich mangels anderer Möglichkeiten in Kenntnis des Risikos zu einem Noteinsatz fahren läßt, beruht das Opferverhalten auf einem objektiv vernünftigen Grund i.S.d. § 34 StGB; § 216 StGB steht insoweit einer Haftungsbefreiung des Täters nicht entgegen[103].

103 Die hier vertretene Position setzt sich im Ergebnis zunehmend durch, vgl. etwa Jakobs AT, 14/12; Stratenwerth AT, Rdn. 1116; LK/Hirsch, Vor § 32 Rdn. 95; Sch-Sch/Lenckner, Vor § 32 Rdn. 104; Dölling, GA 1984, 90; Dach, S. 82 ff.; Quillmann, S. 60 ff.; der Sache nach auch BGHSt 7, 112, 155.

## *III. § 226 a StGB als Einwilligungsgrenze*

### *1. Problemstellung*

Neben § 216 StGB ergibt sich eine weitere Einwilligungsgrenze aus § 226 a StGB. Während aber der Umfang des § 216 StGB weitgehend als geklärt bezeichnet werden kann[104], "nur" die materielle Berechtigung dieser Vorschrift in Streit steht, stellt sich die Lage bei § 226 a StGB sehr viel komplexer dar. Zwar wird hier ebenfalls die Vorschrift als überflüssig und überholt angesehen[105]. Hinzu tritt aber ein weiteres: Indem § 226 a StGB auf die guten Sitten abstellt, scheint nicht einmal der Umfang festzustehen, in dem eine Einwilligung in eine Körperverletzung (nicht) zur Straflosigkeit des Täters führt. Von daher wurde immer wieder behauptet, § 226 a StGB sei wegen Verstoßes gegen das Bestimmtheitsgebot gem. Art. 103 II GG verfassungswidrig[106].

Die crux des § 226 a StGB ist in der Tat der Begriff der guten Sitten. Gemeinhin werden die guten Sitten mit dem Anstandsgefühl aller billig und gerecht Denkenden umschrieben[107]. Die Hilflosigkeit bei der Feststellung der Sittenwidrigkeit gipfelt in dem Vorschlag, dem Richter die alleinige Entscheidung zuzuweisen. Dann käme es darauf an, was der Richter nach *seinem* Anstandsgefühl für billig und gerecht hält[108]. *Diese* Auslegung des § 226 a StGB stellt in der Tat einen eindeutigen Verstoß gegen den Bestimmtheitsgrundsatz des Art. 103 II GG dar und wird daher zu Recht allgemein abgelehnt[109]. Es kann sinnvollerweise nur da-

104 Es bleiben allderdings die Schwierigkeiten bei der Abgrenzung zur Selbsttötung. Hier setzt sich zunehmend die Auffassung durch, es komme auf die Beherrschung des todbringenden Moments an, vgl. Otto, Tröndle-FS, S. 162 f.

105 Für die Streichung des § 226 a StGB insbesondere Schmitt, Schröder-GS, S. 265; Einzelheiten zur Entstehungsgeschichte des § 226 a StGB finden sich bei Schäfer/von Dohnanyi, S. 43 ff. Die von Schmitt, Maurach-FS, S. 119 vorgenommene Abqualifizierung als nationalsozialistisches Gedankengut ist danach nicht gerechtfertigt, vgl. hierzu auch Hirsch, Welzel-FS, S. 798.

106 Vgl. Schmitt, Schröder-GS, S. 265; umfassende Nachweise bei LK/Hirsch, § 226 a Rdn. 2.

107 BGHSt 4, 24, 32; LK/Hirsch, § 226 a Rdn. 6 m.w.Nw.

108 So neuerdings Sack, NJW 1985, 764.

109 Vgl. nur BVerfGE 6, 389, 434, wo es als selbstverständlich gilt, daß das persönliche Gefühl des Richters nicht maßgeblich sein kann.

rum gehen, Kriterien zu finden, mit denen das Sittenwidrigkeitsurteil objektivierbar ist. Wo dies nicht möglich ist, muß Straflosigkeit eintreten, wenn man mit dem nullum-crimen-Satz ernst machen will[110]. Nur wenn eine Objektivierung überhaupt nicht mehr möglich ist, kommt auch eine verfassungskonforme Auslegung des § 226 a StGB nicht mehr in Betracht und die Norm müßte als verfassungswidrig eingeschätzt werden. Diese Frage kann aber nicht vorab, sondern erst nach Erörterung der denkbaren Deutungen des § 226 a StGB beantwortet werden. Hierbei ist insbesondere das zu § 216 StGB erzielte Ergebnis zu berücksichtigen.

### 2. *Unstreitige Vorgaben des § 226 a StGB*

Bevor wir uns der Objektivierung des Begriffs der guten Sitten zuwenden, sollen zunächst zwei Prämissen geklärt werden, die außer Streit stehen (sollten).

§ 226 a StGB spricht von der Sittenwidrigkeit der Tat, so daß eine etwaige Sittenwidrigkeit der Einwilligung als solche außer Betracht zu bleiben hat[111]. Wenn also z.B. ein Patient in eine medizinisch indizierte Operation, die gefahrlos aufgeschoben werden könnte, nur deshalb einwilligt, um nicht als Angeklagter in einem schon angesetzten Strafverfahren erscheinen zu müssen[112], so ändert die sittliche Mißbilligung der Einwilligungserteilung nichts an der Straflosigkeit des operierenden Arztes.

Wenn demgegenüber *Amelung* vertritt, daß eine Einwilligung in solch einem Falle nicht mehr vom Schutzbereich des Art. 2 I GG erfaßt werde[113], so mag das für sich betrachtet zwar zutreffen. Die Einwilligung ist aber nicht nur dann strafrechtsrelevant, wenn sie Grundrechtsschutz genießt. Es steht dem Strafgesetzgeber frei, der Einwilligung auch dann Relevanz beizumessen, wenn sie (u.U.) grundrechtlich nicht geschützt ist[114]. *Amelung* verkennt, daß das Grundgesetz lediglich eine Grenze für

110 So überzeugend Roxin, JuS 1964, 379.
111 Deshalb weitgehend unbestritten, vgl. nur BGHSt 4, 88, 91; Sch-Sch/Lenckner, Vor § 32 Rdn. 38 m.w.Nw.; LK/Hirsch, Vor § 32 Rdn. 7.
112 Beispiel von Jakobs AT, 14/10.
113 Amelung, Einwilligung, S. 56 f.
114 Zutreffend daher Roxin, Einwilligung. S. 31: Das Strafrecht sei aus Gründen der Verhältnismäßigkeit nur das äußerste staatliche Reaktionsmittel, müsse also

Freiheitsbeschränkungen aufstellt, nicht jedoch die Beschränkung von Freiheit fordert. Von der Meinung *Amelungs* abgesehen ist es denn auch im strafrechtlichen Schrifttum allgemein anerkannt, nur auf die Sittenwidrigkeit *der Tat* abzustellen.

Zum anderen stellt § 226a StGB lediglich eine Schranke auf, mit der die prinzipielle Beachtlichkeit der Einwilligung bei Körperverletzungen in bestimmten Ausnahmefällen ausgeschlossen werden soll. Daher ist eine positive Prüfung, ob die Tat sitten*gemäß* ist, nicht erforderlich. Sehr häufig würde diese Feststellung nicht gelingen, und die Einwilligung würde zur Bedeutungslosikeit verdammt. Auszugehen ist vielmehr von dem Grundsatz "in dubio pro libertate": Falls abweichende Standpunkte wenigstens vertretbar erscheinen, liegt ein Verstoß gegen die guten Sitten nicht vor[115].

### *3. Konkretisierung des Begriffs der Sittenwidrigkeit*

Welche Kriterien sind nun an den Begriff der Sittenwidrigkeit im Rahmen des § 226a StGB anzulegen?

Es soll zur Verdeutlichung von einem Beispielsfall ausgegangen werden, der kontrovers diskutiert wird. Dabei kristallisieren sich im wesentlichen zwei gegensätzliche Standpunkte heraus. Angenommen, A ist der Geliebte von B, die mit dem Arzt C verheiratat ist. Um den C "loszuwerden", überlegen sich A und B folgenden Plan: A soll der B eine leicht dosierte Morphiumspritze verabreichen, um einen Mordversuch des C an B vorzutäuschen. Nach dem Setzen der Spritze, aber vor der geplanten Anzeige bei der Polizei versöhnt sich B wieder mit C. Gefragt ist nach der Strafbarkeit des A wegen Körperverletzung trotz der Einwilligung der B[116].

nicht schon überall dort eine Grenze ziehen, wo die verfassungsmäßige Garantie nicht mehr hinreiche.

115 Vgl. dazu LK/Hirsch, § 226 a Rdn. 2; Lenckner, JuS 1968, 308; Roxin, JuS 1964, 379.

116 Ähnliches Beispiel bei Hirsch, ZStW 83, 166.

*a) Abstellen auf den Zweck der Tat*

Nach wohl überwiegender Meinung[117] hängt die Sittenwidrigkeit der Tat von dem Zweck der Beeinträchtigung ab. Sittenwidrigkeit sei jedenfalls dort anzunehmen, wo sie durch Wertentscheidungen, die der Gesetzgeber an anderen Stellen der Rechtsordnung getroffen habe, außer Frage gestellt werde. Soweit Eingriffe in die Körperintegrität deliktischen Zwecken des Verletzten dienten, seien sie daher trotz der Einwilligung strafbar, da ein deliktischer Zweck auch immer sittenwidrig sei[118].

Auf den Zweckgedanken abgestellt wird auch dort, wo Körperverletzungen zum Zwecke abnormer Triebbefriedigung als sittenwidrig i.S.d. § 226 a StGB angesehen werden. Typisch hierfür sind Verletzungen bei sado-masochistischen Praktiken[119]. Ähnlich auch ein Gesetzesvorschlag aus dem Jahre 1962 (§ 152 E 1962), mit dem § 226 a StGB präzisiert werden sollte und der lautete: "Die Tat bleibt rechtswidrig, wenn sie nach den Umständen, namentlich im Hinblick auf die Beweggründe und Ziele des Täters und des Verletzten sowie die angewandten Mittel und dem voraussehbaren Umfang der Verletzung trotz der Einwilligung verwerflich ist"[120].

In dem oben gebildeten Beispielsfall würde hiernach die Einwilligung der B nichts an der Strafbarkeit des A wegen Körperverletzung ändern.

117 Vgl. RGSt 74, 91, 93; Berz, GA 1969, 146; Roxin, JuS 1964, 379; Dreher/Tröndle, § 226 a Rdn. 9; SK/Horn, § 226 a Rdn. 9; im Ansatz auch Sch-Sch/Stree, § 226 a Rdn. 7; weitere Nachweise bei LK/Hirsch, § 226 a Rdn. 8.

118 Vgl. Roxin, JuS 1964, 379; ders., Einwilligung, S. 32 f.; Berz, GA 1969, 146; SK/Horn, § 226 a Rdn. 9, der den Anwendungsbereich des § 226 a sogar auf diese Fälle beschränkt sehen möchte.

119 Vgl. RG JW 1928, 2229, 2231 noch vor Erlaß des § 226 a StGB; Roxin, JuS 1964, 379; einschränkend aber neuerdings ders., Einwilligung, S. 32 Fn. 58; Maurach/Zipf AT 1, § 17 Rdn. 68. Dem Zweck der Tat mißt auch Noll, S. 87, entscheidende Bedeutung bei. Zwar differenziert Noll zunächst nach der Schwere der Verletzung, S. 86, relativiert diese Aussage aber zugleich und verneint die Wirksamkeit der Einwilligung auch bei leichten Körperverletzungen, wenn mit der Verletzung rechtlich und ethisch mißbilligte Zwecke verfolgt werden, so etwa, wenn ein Masochist sich blutig schlagen lasse, S. 87.

120 Zitiert bei Hirsch, ZStW 83, 165 und bei Geerds, ZStW 72, 50.

*b) Abgrenzung nach der Gewichtigkeit des Eingriffs*

Demgegenüber sieht eine Gegenmeinung den Zweck der Körperverletzung (zunächst) als sekundär an. Die Sittenwidrigkeit der Tat soll sich nach dem Gewicht der Rechtsgutsbeeinträchtigung richten. Bei leichten Körperverletzungen scheide eine Sittenwidrigkeit a priori aus. Bei schweren Körperverletzungen sei Sittenwidrigkeit regelmäßig gegeben, allerdings könne die negative Bewertung durch einen positiven Zweck wieder kompensiert werden[121]. Weil die körperliche Integrität der B bloß geringfügig beeinträchtigt wurde, müßte hiernach eine Strafbarkeit des A ausscheiden.

Die Begründungen für diese Auslegung des § 226 a StGB gehen allerdings auseinander - entsprechend der Kontroverse zu § 216 StGB. Z.T wird - staatsutilitaristisch - vorgetragen, daß nur dann, wenn der einzelne durch den Eingriff langfristig außerstande gesetzt würde, die Erwartungen zu erfüllen, die die Gemeinschaft an ihn richte, eine Beschränkung der Verfügungsmöglichkeit über die eigene Gesundheit gerechtfertigt sei[122]. Andere Autoren argumentieren wiederum paternalistisch und wollen die Entscheidung davon abhängig machen, ob abzusehen sei, daß das Individuum die Entscheidung später bereuen werde. Dies sei regelmäßig nur bei irreparablen Verletzungen der Fall[123]. Schließlich findet sich auch hier der Gesichtspunkt der Tabuisierung, der nicht nur bei dem Rechtsgut Leben, sondern auch hinsichtlich des Kernbereichs der Körperintegrität Anwendung finde. § 226 a StGB sei Ausfluß der Verantwortung der Gesellschaft für die Wahrung des Respekts vor der physischen Integrität der Mitmenschen[124].

121 Otto, Tröndle-FS, S. 168; Arzt, Willensmängel, S. 36 ff., insbesondere S. 39; Hirsch, ZStW 83, 167; ders., Welzel-FS, S. 798 f.; Jakobs AT, 14/9; Stratenwerth AT, Rdn. 376; Weigend ZStW 98, 64 f.; i.E. auch Jescheck, § 34 III 2 und Sch-Sch/Stree, § 226 a Rdn. 8 trotz anderen Ansatzpunkts.

122 Weigend, ZStW 98, 65; so auch Krumme, Anm. zu BGH LM Nr. 2 zu § 226 a; ähnlich Jescheck, § 34 III 2 mit dem Hinweis, daß die Gesundheit die Grundvoraussetzung für die Erfüllung der meisten Aufgaben des Menschen in der Gesellschaft sei.

123 Stratenwerth AT, Rdn. 374; Hoerster, ZRP 1988, 3; Noll, OLG-Zweibrücken-FS, S. 223; Arzt/Weber LH 1, Rdn. 274.

124 So insbesondere Hirsch, Welzel-FS, S. 798 f.; ders., ZStW 83, 168 f.; im Ergebnis ähnlich ist wohl die Meinung Schmidhäusers AT, 8/131, der die Einwilli-

### c) *Kritik und Übertragung der zu § 216 StGB erzielten Ergebnisse*

#### *aa) Verfehlung des Zweckgedankens*

Zunächst soll überprüft werden, ob auf den Zweck der Tat abzustellen, schlüssig ist.

Zur Vereinfachung werden nur die Fälle untersucht, in denen die Körperverletzung im Zusammenhang mit einer Straftat begangen wird. Dabei sind hier die Ausführungen von *Berz*, einem exponierten Vertreter der Zwecklehre, dienlich. Er führt aus, daß der Verletzer bei Erreichen des deliktischen Zwecks (etwa eines Versicherungsbetrugs) sich wenigstens wegen Beihilfe zu dem vom Verletzten begangenen Delikt strafbar mache, u.U. nur wegen einer Beihilfe zum Versuch, falls dieser überhaupt mit Strafe bedroht sei[125]. Sei aber der Versuch nicht strafbar oder befinde sich die angestrebte Tat noch im Vorbereitungsstadium, so gebe das Gesetz zu erkennen, daß es die Verwerflichkeit des Tuns hinsichtlich des angestrebten Zwecks zu gering bewerte, um sie zu bestrafen. Für diese Fälle soll § 226 a StGB als Lückenbüßer herhalten[126]. Näher liegt die Annahme, daß der Gesetzgeber bloße Vorbereitungshandlungen zu einem Delikt straflos lassen wollte und die Bestrafung über den Umweg des § 226 a StGB diesem gesetzgeberischen Anliegen entgegensteht. Selbst *Berz* verneint denn auch ein kriminalpolitisches Bedürfnis für eine Bestrafung, sieht die Strafbarkeit aber wegen der Existenz des § 226 a StGB als unausweichlich an[127]. Ist dem wirklich so?

Unbestritten ist, daß Verhaltensweisen sittlich mißbilligt werden, wenn sie im Zusammenhang mit einer Straftat stehen. Im StGB sind ja gerade sittliche Minimalvorstellungen positiviert. Zutreffend ist aber mit *Roxin* bei Tatbeständen, die auf die Sittenordnung verweisende Begriffe enthalten, nicht von der jeweiligen Regelungsmaterie zu abstrahieren, sondern sind die bei den einzelnen Tatbeständen verschiedenen Vorgegebenhei-

gungsgrenze mit dem Gesichtspunkt der Menschenwürde ziehen möchte, wobei er allerdings selbst eingesteht, daß die Konkretisierung dieser Wertungspinzipien schwierig bleibt, AT 8/131 Fn. 22; zutreffend kritisch zu diesem Ansatzpunkt Amelung, Einwilligung, S. 48, Roxin, Einwilligung, S. 34 und Weigend, ZStW 98, 48 Fn. 16.

125 Berz, GA 1969, 146.

126 Vgl. Berz, GA 1969, 146.

127 Berz, GA 1969, 147.

ten des Rechtsstoffes zu berücksichtigen. Sachangemessene Lösungen könnten hier schon angelegt sein[128].

Zu berücksichtigen ist zunächst, daß § 226 a StGB eine Ausnahmevorschrift darstellt, die Schranken für eine grundsätzlich wirksame Einwilligung setzt. Grundsätzlich kann man auch in eine Körperverletzung einwilligen. § 226 a StGB bestimmt nun, daß der Einwilligung bei einer sittlichen Mißbilligung der Tat keine strafbefreiende Wirkung zukommt. *Tat* bedeutet aber Körperverletzung. Eine Einwilligungsgrenze besteht daher nicht schon dann, wenn das Verhalten des Verletzers wegen der besonderen Zwecksetzungen mißbilligt wird. Es kann nur darauf ankommen, ob die *Körperverletzung als solche* trotz der Einwilligung besonders verwerflich ist[129]. § 226 a StGB steht im systematischen Zusammenhang mit den Körperverletzungsdelikten. Die Einschränkung der Einwilligungsmöglichkeit muß daher mit Gesichtspunkten präzisiert werden, die sich auf die körperliche Integrität als dem in den §§ 223 ff. StGB geschützten Rechtsgut beziehen. Diesen Sachzusammenhang verkennt die Zwecklehre. Verdeutlichen läßt sich diese Schwäche an dem obigen Beispiel: Der Unwertgehalt des Verhaltens des A besteht darin, daß er bei der geplanten Vortäuschung einer Straftat mitwirkt. Daher ist sein Verhalten sittlich zu mißbilligen. Allerdings genügt das für die Anwendung des § 226 a StGB nicht, da es hierfür auf die Mißbilligung der Körperverletzung *als solche* ankommt. Eliminiert man den Zweck, so nimmt A lediglich eine vorübergehende Betäubung vor, die für sich genommen aber nicht so gravierend ist, daß sie als allgemein mißbilligt eingeschätzt werden kann. Wenn aber schon - wegen der Strafvorschriften des StGB - objektivierbare Zwecke die Einschränkung der Einwilligungsmöglichkeit bei Körperverletzungen nicht zu legitimieren vermögen, gilt dies erst recht für sonstige Zwecke, die (angeblich) zu einer Mißbilligung der Körperverletzung führen sollen. Genannt sei hier nur die strafrechtliche Beurteilung von sado-masochistischen Praktiken durch das RG. Zwar kommt in solchen Fällen eine rechtliche Bindung etwa in Form eines Vertrages nicht in Betracht, da Nichtigkeit gem. § 138

128 Roxin, JuS 1964, 373. Leider befolgt Roxin selbst diesen Rat nicht, indem auch er auf den Zweckgedanken abstellt; dazu sogleich im Text.

129 Dies hat insbesondere Arzt, Willensmängel, S. 39 herausgestellt; ebenso Otto, Tröndle-FS, S. 168.

BGB anzunehmen ist[130]. Von der Sittenwidrigkeit der Einwilligung ist aber die Sittenwidrigkeit der Tat (= Körperverletzung) zu unterscheiden. Die Zwecklehre verkennt also die von § 226 a StGB geforderte rechtsgutsbezogene Einschränkung der Einwilligungsmöglichkeit; aus diesem Grunde ist sie abzulehnen.

*bb) Wertungswidersprüche bei der rechtsgutsbezogenen Abgrenzung*

Fest steht somit, daß sich die in § 226 a StGB vorausgesetzte Sittenwidrigkeit nach der Gewichtigkeit des Eingriffs in die körperliche Integrität richtet. In leiche Körperverletzungen kann daher generell eingewilligt werden, in schwere dagegen grundsätzlich nicht. Mit dieser Auslegung dürften sich auch die verfassungsrechtlichen Bedenken an der hinreichenden Bestimmtheit des § 226 a StGB erledigen[131].

Indem § 226 a StGB derart präzisiert wurde, ist aber lediglich ein erster Schritt getan. Es fragt sich nämlich - korrespondierend zu § 216 StGB - wie diese Einschränkung des Selbstbestimmungsrechts zu rechtfertigen ist.

Stellt man hier auf das Interesse am Erhalt der Gesundheit des Einwilligenden als solchem ab, treten dieselben Wertungswidersprüche auf, die sich oben bei der Erörterung des Strafgrundes des § 216 StGB ergeben haben. Steht staatsutilitaristisch das Interesse der Allgmeinheit am Erhalt der körperlichen Integrität jedes einzelnen jedenfalls in seinem Kernbereich im Vordergrund, widerspricht dies wiederum wertungsmäßig der Straflosigkeit der Selbstverletzung. Systematisch läßt sich zudem mit § 109 StGB argumentieren. Falls der Staat öffentliche Interessen an der Erhaltung der Körperintegrität als solcher geltend macht, untersagt er auch die Selbstverletzung. Eine paternalistische Erklärung der Einwilligungsgrenze verträgt sich nicht mit dem materiellen Grundgedanken der Einwilligung, dem Selbstbestimmungsrecht des Individuums, und gerät zudem in Friktionen zu der materiellen Begründung der Straflosigkeit

130 Zutreffend insoweit der Hinweis von Noll, S. 70, Art. 27 Schw. ZGB (entspricht § 138 BGB) richte sich nur gegen die übermäßige oder sittenwidrige Beschränkung der persönlichen Freiheit durch vertragliche Bindung; in diesem Sinne auch Arzt, Willensmängel, S. 40 f.

131 Jakobs AT 14/9 Fn. 24; zu dem Grundsatz der verfassungskonformen Auslegung vgl. nur BVerfGE 2, 66, 282; 33, 52, 65.

der Selbstverletzung, die das Individuum gerade als selbstverantwortlich voraussetzt.

Schließlich kann auch im Rahmen des § 226 a StGB der Tabuisierungsgedanke nicht überzeugen. Bei - schweren - fahrlässigen Körperverletzungen soll eine "Einwilligung" (nach der hier vertretenen Meinung: eine Berücksichtigung des Opferverhaltens bei der Bestimmung der objektiven Zurechnung des Erfolges) zumindest unter bestimmten Voraussetzungen zulässig sein[132]. Die These von der Unantastbarkeit des Kernbereichs der Körperintegrität der Mitmenschen setzt sich insofern selbst in Widerspruch.

*cc) Allgemeine Erwartung der Unzulässigkeit schwerer Körperverletzungen trotz Einwilligung*

Eine in sich stimmige Interpretation und Erklärung bzw. Rechtfertigung des § 226 a StGB ist möglich, wenn man den Grundgedanken heranzieht, der oben zu § 216 StGB herausgearbeitet wurde.

Bestimmte Wertvorstellungen sind in der bundesrepublikanischen Gesellschaft tief verwurzelt und geistiges Gut der Allgmeinheit. Solche Vorstellungen sind zwar in einer pluralistischen Gesellschaft nicht häufig anzutreffen. Allgemein konsensfähig ist jedoch, daß eine auf den bloßen Willen des Betroffenen hin vollzogene Tötung unzulässig ist. Eine Freigabe der Tötung auf Verlangen würde den sozialen Frieden in großem Maße gefährden. Dieser Gedanke trägt aber auch im Rahmen des § 226 a StGB. Grundlage der Selbstbestimmung ist nicht nur das Leben, sondern auch der Kernbereich der körperlichen Integrität. Jedenfalls bei schweren, irreparablen Körperverletzuzngen kann man mit *Hirsch*[133] von partiellen Tötungen sprechen. Solche Verletzungen werden jedenfalls dann, wenn sie lediglich auf den Willen des Betroffenen hin erfolgen, als allgemein unzulässig angesehen. Hierbei ist darauf hinzuweisen, daß auf die Gewichtigkeit der Körperverletzung nur abzustellen ist, weil eine schwere Körperverletzung in der *gegenwärtigen* Gesellschaft als besonders bedeutend angesehen wird. Die Möglichkeit, daß sich die Wertvorstellungen dahingehend ändern, bereits einen geringeren Eingriff in die kör-

132 Vgl. nur LK/Hirsch, § 226 a Rdn. 13.
133 ZStW 83, 168.

perliche Integrität als besonders bedeutend anzusehen und trotz Einwilligung zu mißbilligen, soll also nicht ausgeschlossen werden[134].

*dd) Analoge Anwendung des § 34 StGB*

Was gilt aber, wenn jemand beispielsweise einem Angehörigen eine Niere spendet? Hier kann die Einwilligung nicht strafbefreiend wirken, weil ein schwerer Eingriff in die körperliche Integrität vorliegt. Dies gilt für den gesamten Bereich der Organtransplantation. Ein weiteres Beispiel stellt die Sterilisation dar.

Zur Lösung der Fälle erweist sich ebenfalls die Parallele zu § 216 StGB als hilfreich. Festgestellt wurde bislang lediglich, daß eine bloße Einwilligung nichts an der Strafbarkeit des eingreifenden Täters ändert, wenn es sich um schwere irreparable Körperverletzungen handelt. Zu der Einwilligung können aber *zusätzliche* Gründe hinzutreten, die zur Straflosigkeit des Verletzers führen können. Zu denken ist hier insbesondere an eine analoge Anwendung des § 34 StGB[135]; hierbei sind das durch den Eingriff verletzte Gut und der erstrebte Eingriffszweck gegeneinander abzuwägen. Angenommen, jemand stimmt der Entfernung einer Niere zu. Ohne Blick auf den Kontext, d.h. ohne Blick auf die Motive wird dieses Verhalten mißbilligt, obwohl eine Einwilligung vorliegt. Es können aber besondere Gründe hinzutreten, die das sittliche Unwerturteil kompensieren. Einen guten Grund stellt stets eine medizinische Indikation dar. Aber auch in sonstigen Fällen ist eine Rechtfertigung analog § 34 StGB möglich. So mag der Spender etwa ein Vater sein, der mit der Spende der Niere das Leben seiner Tochter retten möchte. Auch hier stehen verletztes Gut und erstrebter Eingriffszweck in einem angemessenen Verhältnis.

*ee) Ergebnis*

Sittenwidrigkeit im Zusammenahng mit § 226 a StGB meint einen bestimmten Grad an Beeinrächtigung der körperlichen Integrität, von dem

134 Man denke etwa an die gewandelten Anschauungen über die Akzeptanz des Rauchens.

135 In diesem Sinne auch Otto, Tröndle-FS, S. 168; auf Notstandsgesichtspunkte stellt auch Jakobs AT, 14/9 ab; vgl. auch LK/Hirsch, § 226 a Rdn. 9.

an eine Einwilligung (allein) keine strafbefreiende Wirkung mehr hat. Dieser Grad ist erreicht, wenn es um erhebliche Eingriffe geht; jedenfalls bei Verletzungen i.S.d. § 224 StGB wird dies immer der Fall sein, wobei die Möglichkeit der Änderungen der Wertvorstellungen nicht ausgeschlossen wird. Es kommt auf die Bedeutung der Verletzung in der jeweiligen Gesellschaft an. Die Grenze ist insoweit fließend. Nicht ausgeschlossen wird allerdings die Möglichkeit, weitere, zusätzliche Gründe anzuführen, die das Verhalten trotz der Gewichtigkeit des Eingriffs tolerabel machen, wobei insbesondere die analoge Anwendung des § 34 StGB in Betracht kommt. Damit wird allerdings der unmittelbare Anwendungsbereich der Einwilligung verlassen; denn die Einwilligung ist gerade dadurch gekennzeichnet, daß der bloße Wille des Individuums zur Straflosigkeit des Eingreifenden führt. Bei schwerwiegenden Eingriffen besteht daher ebenso wie bei Tötungen eine Einwilligungsgrenze.

### *4. Überprüfung des gefundenen Ergebnisses an praktisch relevanten Fällen*

#### *a) Vorbemerkung*

Wenn hier die Tauglichkeit des oben entwickelten Kriteriums exemplarisch an einigen, von der höchstrichterlichen Rechtsprechung entschiedenen und sonstigen praktisch bedeutsamen Fällen überprüft wird, so sind auch die Ergebnisse zu berücksichtigen, die generell zum Anwendungsbereich des Rechtsinstituts der Einwilligung erzielt wurden. Notwendiger Gegenstand der Einwilligung ist der tatbestandsmäßige Erfolg. Im Rahmen des § 226 a StGB muß der Einwilligende also die Verletzung seiner körperlichen Integrität wollen, damit überhaupt eine Einwilligung vorliegt. Bei Sportverletzungen, aber auch bei der studentischen Schlägermensur[136] oder bei Verletzungen anläßlich der Teilnahme an einer Trunkenheitsfahrt kann daher von einer Einwilligung im hier verstandenen Sinne nicht gesprochen werden. Das ändert jedoch nichts daran, daß der den § 226 a StGB tragende Gesichtspunkt des Verstoßes gegen gesellschaftliche Wertvorstellungen bei der Frage der Eigenverantwortlichkeit des Opfers wieder zu berücksichtigen ist. Da es sich hierbei

136 Vgl. dazu BGHSt 4, 32.

aber um keine "echten" Einwilligungsfälle handelt, sollen im folgenden nur Konstellationen erörtert werden, in denen der Verletzte die Beeinträchtigung der körperlichen Integrität - zumindest als notwendiges Zwischenziel - *will.*

### *b) Sexualhandlungen ohne gravierende Dauerfolgen*

Das RG nahm die Sittenwidrigkeit als Einwilligungsgrenze vor allem bei Körperverletzungen an, die im Zusammenhang mit als abnorm angesehenen sexuellen Handlungen bzw. Praktiken standen. So beurteilte es die Scheidenmassage eines Arztes mit dem Ziel, infolge der geschlechtlichen Reizungen eine Fernwirkung auf die erkrankten Teile hervorzurufen[137], ebenso als sittenwidrig wie sexuelle Spiele, die auf masochistischen oder sadistischen Motiven beruhten und zu Körperverletzungen führten[138]. Hier wird besonders deutlich, wie *Arzt*[139] zutreffend feststellt, daß die Bestrafung des Täters nur wegen des unanständigen Verhaltens, nicht aber wegen der Verletzung der körperlichen Integrität erfolgt. Bezieht man dagegen die in § 226 a StGB normierte Einwilligungsgrenze konsequent auf die Intensität der Beeinträchtigung der körperlichen Integrität, so ist angesichts der Geringfügigkeit der Eingriffe der Bereich der freien, d.h. willkürlichen Disposition des Individuums über seinen Körper noch nicht überschritten, eine Einwilligung daher möglich.

Für eine Straflosigkeit in den erwähnten Fällen spricht zudem eine Parallele zu den Beleidigungsdelikten, die von der Rechtsprechung jahrelang als Lückenbüßer für Fälle herangezogen wurde, die von den Sittlichkeitsdelikten der §§ 174 ff. StGB nicht erfaßt wurden[140]. Hier vertritt neuerdings auch der BGH den Standpunkt, die von den §§ 174 ff. StGB nicht erfaßten Fälle dürften nicht über den Umweg der §§ 185 ff. StGB doch wieder bestraft werden[141]. Es gilt zu vermeiden, § 226 a StGB eine ähnliche Lückenbüßerfunktion zuzuweisen.

137 Vgl. RGSt 74, 91, 94.
138 RG JW 1928, 2229 m. kritischer Anmerkung Bohne JW 1928, 2229 f.
139 Willensmängel, S. 37 und Fn. 51.
140 Umfassende Nachweise bei Otto, JZ 1989, 804.
141 BGH JZ 1989, 801, 802.

*c) Kastration und Sterilisation*

Die Frage nach dem Anwendungsbereich des § 226 a StGB stellt sich auch bei der Kastration und der Sterilisation.

*aa) Kastration*

Soweit die Kastration eine Behandlung gegen die Auswirkungen eines abnormen Geschlechtstriebs bei einem Mann oder einer Frau (!) darstellt, enthält das Kastrationsgesetz[142] vom 15.8.1969 Sonderregelungen, die § 226 a StGB verdrängen.

Die allgemeine Einwilligungsgrenze bleibt aber zu berücksichtigen, wenn es um sonstige Eingriffe mit triebbeeinflussender Wirkung geht, die von den §§ 1, 4 KastrG nicht erfaßt werden[143]. Angesichts der Gewichtigkeit des Eingriffes scheidet eine bloße Einwilligung aus. Möglich bleibt aber eine Rechtfertigung analog § 34 StGB, wenn der Eingriff durch einen höherwertigen Zweck kompensiert wird. Bei medizinischer Indikation - etwa Krebsoperationen im Genitalbereich - liegt stets ein guter Grund i.S.d. § 34 StGB vor. Bei der praktisch wichtigen Geschlechtsanpassung Transsexueller wird dies nur in den Ausnahmefällen in Betracht kommen, in denen sie eine persönlichkeitskonforme Identitätsfindung ermöglichen soll[144].

*bb) Sterilisation*

Für die Sterilisation hat der BGH im sog. Dohrn-Urteil[145] den Standpunkt vertreten, nach Aufhebung des früheren § 226 b StGB gebe es für ihre Strafbarkeit keine gesetzliche Grundlage mehr. Ob diese mehr formale Argumentation überzeugen kann, erscheint fraglich[146], kann jedoch dahinstehen, wenn die Straflosigkeit auch durch materielle Überlegungen

142 BGBl. I, 1143.

143 Vgl. etwa Sch-Sch/Eser, § 223 Rdn. 58; Lackner, § 226 a Anm. 5 c bb.

144 Vgl. Sch-Sch/Eser, § 223 Rdn. 50 im Anschluß an BVerfG NJW 1979, 595. Das Transsexuellengesetz vom 10.9.1980 (BGBl. I, 1654) regelt unmittelbar nur die personenstandsrechtlichen Fragen.

145 BGHSt 20, 81.

146 Ausführliche Kritik bei LK/Hirsch, § 226 a Rdn. 38, 41.

gerechtfertigt ist. Nach dem hier entwickelten Ansatz kommt bei der Sterilisation wegen der Gewichtigkeit des Eingriffs in die körperliche Integrität eine strafbefreiende Wirkung der Einwilligung (allein) nicht in Betracht. Die alleinige Verfügungsbefugnis ist nicht mehr gegeben. Möglich bleibt allerdings auch hier eine Strafbefreiung durch eine analoge Anwendung des § 34 StGB. Abzuwägen sind daher das durch den Eingriff verletzte Gut und der Zweck des Einwilligenden, den er mit dem Eingriff verfolgt[147]. Unbedenklich ist die Zulässigkeit des Eingriffs bei Vorliegen einer medizinischen Indikation. Kontrovers diskutiert wird dagegen die sog. Gefälligkeitssterilisation[148]. Grund für diese Sterilisation ist regelmäßig die Vermeidung ungewollter Schwangerschaften. Zu den sonst praktizierten Möglichkeiten der Empfängnisverhütung, etwa jahrelanger Medikamentengebrauch, steht die Sterilisation nicht außer Verhältnis und ist daher zulässig[149]. Dies gilt jedoch nur dann, wenn die Sterilisation nach den Regeln der ärztlichen Kunst vorgenommen wird. Ungenau ist demgegenüber, wenn häufig formuliert wird, die Sterilisation sei generell zulässig[150]. Durch die Heranziehung der Wertungsgesichtspunkte des § 34 StGB wird ein solcher Fehlschluß vermieden.

*d) Entnahme von Transplantaten und Humanexperimente*

Einen eigenen Anwendungsbereich hat § 226 a StGB auch im Bereich von Humanexperimenten und der Entnahme von Transplantaten. Zwar sind derartige Fälle von der Rechtsprechung noch nicht entschieden, die zunehmende Bedeutung dieser Thematik zeigt sich aber in der heftigen wissenschaftlichen Diskussion[151]. Soweit es um erhebliche Verletzungen im Zusammenhang mit Humanexperimenten geht, sind die Wahrscheinlichkeit und die Schwere eines Schadens beim Probanden gegen die Größe und die konkrete Anwendbarkeit der von dem Versuch zu erwar-

147 Eine Abwägung nimmt auch BGHZ 67, 48, 53 vor.

148 Vgl. LK/Hirsch, § 226 a Rdn. 40 f.

149 Vgl. zur Problematik der Sterilisation Einwilligungsunfähiger neuestens § 1905 BGB n.F. gem. Art. 1, Nr. 47 des Betreuungsgesetzes vom 12. September 1990, BGBl. I, 2006.

150 Klarstellend aber LK/Hirsch, § 226 a Rdn. 41.

151 Vgl. dazu die Monographien von Fischer, G., Schimikowski (Humanexperimente) und Carstens (Organtransplantationen); weitere Nachweise bei Lackner, § 226 a Anm. 5. d).

tenden Vorteile abzuwägen[152]. Eine Verhältnismäßigkeitsprüfung ist auch bei der Organtransplantation anerkannt, die regelmäßig - man denke an eine Nierentransplantation - mit erheblichen, schweren Körperverletzungen verbunden ist. Abzuwägen ist hier zwischen Schwere und Risiken des Eingriffs beim Spender und der prospektiven Nützlichkeit des gewonnenen Transplantats[153]. Dabei ist allerdings wiederum zu beachten, daß sich die Abwägung nach den positivrechtlichen Vorgaben des § 34 StGB zu richten hat.

*e) Sonstiger ärztlicher Eingriff ohne objektiv medizinischen Anlaß*

Mit den entwickelten Kriterien lassen sich auch sonstige Fälle lösen, in denen es um einen ärztlichen Eingriff ohne objektiv medizinischen Anlaß geht[154].

So lag dem BGH[155] ein Fall vor, in dem eine Patientin die Entfernung aller Zähne wünschte, weil sie - entgegen der Diagnose des Zahnarztes - davon überzeugt war, ihre Kopfschmerzen würden hierdurch beseitigt. Bejaht man hier - richtigerweise[156] - die Einwilligungsfähigkeit der Patientin, stellt sich die Frage nach der in § 226 a StGB normierten Einwilligungsgrenze. Entscheidend ist hierbei, wie bedeutend der Eingriff einzuschätzen ist. Nur wenn es sich bei dem Eingriff um eine irreparable und das heißt dauernde Verletzung handelt, die dem Schweregrad des § 224 a StGB entspricht, ist die freie Dispositions- und damit die Einwilligungsmöglichkeit nicht mehr gegeben. Da nach Sachlage keine medizinische Indikation vorlag, müßte auch eine Rechtfertigung analog § 34 StGB ausscheiden. Nun stellt zwar die Zahnextraktion eine erhebliche

152 So Fischer, G., S. 14; eingehend zur Abwägung auch Schimikowski, S. 48 ff.; aufschlußreich auch die Grundsätze des Nürnberger Ärzteprozesses, zitiert bei Wille, NJW 1949, 377.

153 Carstens, S. 75.

154 Vgl. zur Problematik des Dopings im Sport unter dem Blickwinkel des § 226 a StGB ausführlich Linck, NJW 1987, 250 f.

155 NJW 1978, 1206.

156 A.A. BGH NJW1978, 1206 mit der tatsächlich nicht abgesicherten Begründung, die "Patientin habe sich in einer seelischen Verfassung befunden, die ein verstandesmäßiges Abwägen der vorgebrachten Argumente verhinderte". Wie Horn, JuS 1979, 30 zutreffend feststellt, hat der BGH lediglich von der mangeln-

Körperverletzung dar, beim heutigen Stand der zahnmedizinischen Prothetik kann aber die entstellende Wirkung der Verletzung behoben werden. Von einer dauernden, d.h. irreparablen Verletzung i.S.d. § 224 StGB kann daher nicht gesprochen werden[157]. Da somit der Bereich der freien Dispositon nicht verlassen wurde, steht § 226 a StGB der Wirksamkeit der Einwilligung nicht entgegen[158].

### *5. Gesetzgebungsvorschlag*

Aus den obigen Ausführungen ergibt sich, daß § 226 a StGB verfassungskonform ausgelegt werden kann; dem Bestimmtheitsgrundsatz des Art. 103 II GG ist damit Genüge getan. Zur leichteren, rechtsstaatsorientierten Handhabung empfiehlt sich aber, § 226 a StGB ohne Verweis auf den etwas schillernden Begriff der guten Sitten präziser zu fassen. § 226 a StGB sollte künftig lauten[159]:

> *Eine Körperverletzung, die mit Einwilligung des Verletzten vorgenommen wird, ist nur rechtswidrig, wenn es sich um eine Verletzung nach Art des § 224 handelt und hierfür ein guter Grund nach Maßgabe der Interessenabwägung i.S.d. § 34 StGB fehlt.*

gelnden medizinischen Indiziertheit auf die fehlende Urteilskraft geschlossen; kritisch insoweit auch Hruschka, JR 1978, 520 f.

157 Grundlegend BGHSt 24, 315 unter Aufgabe der gegenteiligen Meinung in BGHSt 17, 161; vgl. auch für die h.M. Sch-Sch/Stree, § 224 Rdn. 5; differenzierend LK/Hirsch, § 224 Rdn. 21.

158 In diesem Sinne auch Hruschka, JR 1978, 521.

159 Vgl. Hirsch, ZStW 83, 174 f., der allerdings seinen Gesetzesvorschlag zur sehr auf die Problematik der Sterilisation konzentriert.

## F. Übertragung der zu den §§ 216, 226 a StGB entwickelten Kriterien auf sonstige Individualrechtsgüter

### *I. Problemstellung*

Nach weit überwiegender Auffassung[160] kommt eine Übertragung der in den §§ 216, 226 a StGB enthaltenen Einwilligungsgrenze auf andere Individualrechtsgüter nicht in Betracht. In erster Linie wird dies - vorwiegend unter formalen Aspekten - damit begründet, der Gesetzgeber habe mit der Existenz der §§ 216, 226 a StGB zu erkennen gegeben, daß eine Einschränkung der Einwilligung nur bei den Rechtsgütern Leben und körperliche Unversehrtheit erfolgen solle[161]. Dem läßt sich aber ein ebenso formales Argument entgegenhalten: Der Gesetzgeber hat auf eine detaillierte Ausgestaltung des Rechtsinstituts der Einwilligung verzichtet. Im Hinblick auf die praktische Relevanz der Einwilligung insbesondere im Bereich der Körperverletzungsdelikte hat er sich veranlaßt gesehen, zumindest einen Teilbereich zu regeln. Damit ist aber nicht gesagt, daß dies eine abschließende Regelung darstellte und die Übertragung auf die Einwilligung in sonstigen Fällen abgeschnitten sein soll.

Fragt man, warum die Übertragung so zurückhaltend gehandhabt wird, läßt sich der Grund hierfür in der Unsicherheit bei der Interpretation des § 226 a StGB selbst ausmachen. Die h.M. stellt auf den Zweck der Verletzung ab und versucht auf diese Weise, die Sittenwidrigkeit zu beurteilen[162]. Dabei geht der Blick für das Rechtsgut der körperlichen Unversehrtheit mitunter verloren, was dazu führt, daß die Bewertungskriterien mehr und mehr verschwimmen. Man kommt unwillkürlich in Schwierigkeiten bei der Objektivierung der in § 226 a StGB aufgestellten Einwilligungsgrenze. Solch eine - scheinbar - unklare Regelung soll nicht auch noch auf andere Tatbestände ausgedehnt werden[163]. Oben wurde dargelegt, daß eine Objektivierung des § 226 a StGB sehr wohl

160 Vgl. statt aller Sch-Sch/Lenckner, Vor § 32 Rdn. 37; Jescheck § 34 III 1 m.w.Nw.

161 Vgl. etwa Jescheck, § 32 III 1.

162 Vgl. oben E. III. 3.a).

163 Besonders deutlich insoweit Zipf, Einwilligung, S. 35: "Eine so wenig leistungsfähige Regelung wie § 226 a verdient keine Ausweitung."

möglich ist, wenn man als maßgebliches Kriterium den Schweregrad der Verletzung ansieht. Irreparable Körperverletzungen und erst recht Tötungen werden auch dann als unzulässig angesehen, wenn der Betroffene die Verletzung will, es sei denn, es kommen Gesichtspunkte hinzu, die der Interessenabwägung beim Notstand entsprechen. Von diesem Ausgangspunkt ist daher durchaus berechtigt zu fragen, ob es derart gravierende Beeinträchtigungen auch bei anderen Individualrechtsgütern gibt, die trotz Einwilligung als unzulässig angesehen werden müssen. Ob eine solche rechtsgutsbezogene Bestimmung der Sittenwidrigkeit i.S.d. § 226 a StGB übertragbar ist, ist bislang kaum thematisiert worden[164].

### *II. Einwilligung in eine Freiheitsberaubung und in eine Ehrverletzung*

#### *1. Freiheitsberaubung*

Schutzgegenstand des § 239 StGB ist die köperliche Bewegungsfreiheit des einzelnen. Es handelt sich daher bei dieser Norm um einen Tatbestand, der ein Individualrechtsgut schützt; damit ist der Anwendungsbereich der Einwilligung eröffnet. Eine Einwilligung in eine Freiheitsberaubung kommt gewöhnlich bei Alltagskontakten in Betracht. Genannt seien hier exemplarisch Flug- oder Bahnreisen, aber auch der Besuch einer Theaterveranstaltung, die man nur aus besonderen Gründen vorzeitig verlassen darf[165]. Solche Beeinträchtigungen werden - wegen der Geringfügigkeit des Eingriffs - als allgemein zulässig angesehen. Eine Parallele zu § 226 a StGB kommt erst bei lang andauernden Freiheitsberaubungen in Betracht. Beispiele, die praktisch relevant sind, lassen sich schwer bilden. Immerhin sind auch hier Humanexperimente denkbar, bei denen der Proband für längere Zeit eingesperrt wird. Fragt man hier - korrespondierend zu § 226 a StGB - nach der Grenze, bis zu der allein der bloße Wille des Betroffenen zur Straflosigkeit des Täters führt, so bietet die Qualifikation des § 239 II StGB einen ähnlichen Anhaltspunkt wie § 224 StGB im Rahmen der Köperverletzungsdelikte. Als besonders bedeutend wird eine Freiheitsberaubung regelmäßig dann angesehen,

164 Eine Ausnahme stellt insoweit Jakobs AT, 14/9 dar.
165 Vgl. LK/Schäfer, § 239 Rdn. 26.

wenn sie über eine Woche dauert. Der Gesetzgeber bewertet den Unrechtsgehalt einer einwöchigen Freiheitsberaubung ebenso hoch wie eine Freiheitsberaubung, die zu einer schweren Körperverletzung i.S.d. § 224 StGB führt. Diese gesetzliche Wertung kann auch bei der Festlegung der Einwilligungsgrenze herangezogen werden. Sobald die Wochengrenze überschritten ist, müssen also zu der Einwilligung Gesichtspunkte treten, die der Interessenabwägung beim Notstand entsprechen. Die fehlende praktische Relevanz dieser Einwilligungsgrenze ändert nichts an ihrer materiellen Berechtigung.

### 2. *Einwilligung in eine Ehrverletzung*

Ein weiteres - höchstpersönliches - Individualrechtsgut stellt die in den §§ 185 ff. StGB geschützte Ehre dar, so daß naheliegt, auch hier die Frage einer Einwilligungsgrenze zu stellen. Diese Grenze ist erreicht, wenn es sich um besonders gewichtige und schimpfliche Ehrverletzungen handelt[166]. Auch hier bleibt jedoch eine Rechtfertigung analog § 34 StGB möglich, wenn mit der Ehrverletzung ein höherrangiges rechtlich anerkanntes Interesse verfolgt wird.

## *III. Einwilligung in Vermögemsdelikte, insbesondere Sachbeschädigung*

Bislang ging es um Individualrechtsgüter, denen höchstpersönliche Interessen des Individuums gegenständlich sind. Eine Einwilligungsmöglichkeit besteht darüberhinaus bei den Vermögensdelikten, hier insbesondere bei der Sachbeschädigung, aber auch bei der Unterschlagung. Es stellt sich die Frage der Einwilligungsgrenze. Nach dem hier vertretenen Standpunkt kann sich diese Grenze nur aus der Gewichtigkeit des Eingriffs ergeben, so daß das Täterverhalten allgemein trotz der Einwilligung als unzulässig angesehen wird. *Jakobs*[167] führt als Beispiel an, daß jemand aus Protest gegen die Steuergesetzgebung in die Sprengung seiner Fabrik einwilligt oder daß ein Eigentümer wegen der Mietbindung

166 Vgl. Jakobs AT, 14/9; im Ergebnis ebenso Sch-Sch/Lenckner, Vor § 32 Rdn. 37, der allerdings zur Begründung auf den Gesichtspunkt der Unverzichtbarkeit der Menschenwürde abstellt.

167 AT, 7/11, Fn. 166.

der Zerstörung seines voll funktionsfähigen Wohnhauses zustimmt. Hier scheint unmittelbar einzuleuchten, daß die Beeinträchtigung derart gravierend ist, daß eine (bloße) Einwilligung die Strafbarkeit des Täters nicht beseitigen kann: Das Verhalten wird trotz der Einwilligung als unzulässig angesehen.

Gleichwohl bestehen erhebliche Bedenken, der Einwilligung hier die Wirksamkeit zu versagen. Sie liegen vor allem in dem prinzipiellen Unterschied zwischen höchstpersönlichen und vermögensrechtlichen Individualrechtsgütern begründet. Leben, Leib und körperliche Bewegungsfreiheit sind nicht verkehrsfähige Güter, die nur dem Menschen als solchen zustehen. Dagegen ist bei den Vermögens- und Eigentumsdelikten eine Trennung zwischen geschütztem Gut und Person ohne weiteres möglich. So steht es beispielsweise dem Eigentümer einer Sache frei, diese an einen Dritten zu übereignen. Würde man der Einwilligung in eine Sachbeschädigung - in Grenzfällen - die Anerkennung versagen, so könnte dieses Verbot dadurch umgangen werden, daß die Sache zunächst an den zerstörungswilligen Dritten übereignet und dieser erst dann die Zerstörung durchführen würde[168]. Da er in diesem Falle eine eigene Sache zerstören würde, käme eine Strafbarkeit gem. § 303 StGB nicht in Betracht. Bei den höchstpersönlichen Rechtsgütern besteht dagegen eine solche Übertragungsmöglichkeit nicht. Soweit es daher um übertragbare Vermögensgegenstände geht, wäre eine Einschränkung der Einwilligungsmöglichkeit nur sinnvoll, wenn auch die Selbstzerstörung bei Strafe verboten wäre. Dies setzt wiederum ein öffentliches Interesse am Erhalt des Gegenstandes als solchem voraus.

Betrachtet man vor diesem Hintergrund die von *Jakobs* gebildeten Beispielsfälle, so wird deutlich, daß es sich hier um Konstellationen handelt, in denen ein öffentlichen Interesse am Erhalt der Sache als solcher besteht. Die Strafwürdigkeit- und bedürftigkeit liegen daher vor. Da aber die Selbstzerstörung zulässig ist, kann - wegen der Möglichkeit der Übertragung - das Verbot der Fremdzerstörung trotz Einwilligung keine sinnvolle Funktion erfüllen. Es bleibt nur die Möglichkeit, eine dem § 304 StGB entsprechende Strafvorschrift in das StGB einzufügen, in der die Zerstörung derart wichtiger Sachen generell untersagt wird.

168 Sch-Sch/Lenckner, Vor § 32 Rdn. 37 weist darauf hin, daß es im Rahmen des § 303 nicht darauf ankommen könne, ob der Eigentümer die Sache derelinquiert habe.

Festzuhalten ist somit, daß eine Einwilligung in ein Vermögens- und Eigentumsdelikt uneingeschränkt möglich ist.

## G. Dogmatische Einordnung des Rechtsinstituts der Einwilligung

### *I. Problemstellung*

Die im Zusammenhang mit dem Anwendungsbereich der Einwilligung auftretenden Fragen wurden losgelöst von dem Problem beantwortet, wie die Einwilligung dogmatisch in den Verbrechensaufbau einzuordnen ist. Diese Problematik wurde aus zwei Gründen bewußt zurückgestellt: Zum einen droht der Streit um die Zuordnung zur einen oder anderen Wertungsstufe den Blick für die wirklichen Sachprobleme zu verstellen[169]. Zum anderen wird aber auch die Lösung der Einordnungsfrage erheblich erleichtert, wenn man sich vorher Klarheit über den genauen Anwendungsbereich der Einwilligung verschafft hat. Nicht selten wird ja bei der Einordnungsfrage mit den positivrechtlichen Grenzen der §§ 216, 226 a StGB argumentiert. Praktische Relevanz kommt der Bewertung der Einwilligung als Tatbestandsausschluß- oder Rechtfertigungsgrund in erster Linie bei Irrtumsfragen zu.

### *II. Die Einwilligung als Rechtfertigungsgrund*

Die wohl noch h.M.[170] betrachtet die Einwilligung als Rechtfertigungsgrund. Unabhängig von den (Schein)-kontroversen über den inneren Grund dieses Rechtfertigungsgrundes (dazu oben A.I.1.) wird darauf verwiesen, daß Individualrechtsgüter bereits unabhängig vom Willen des In-

169 Typisch ist etwa die Auffassung von Geerds, GA 1954, 265, der glaubte, das "tatbestandsausschließende" Einverständnis sei im Gegensatz zur "rechtfertigenden" Einwilligung stets "tatsächlicher" Natur; ausführlich und überzeugend zu dieser Fehleinschätzung Kientzy, S. 32 ff.; ablehnend auch Jescheck, § 34 I 2 a); Kühne, JZ 1979, 241; kritisch auch Arzt, Willensmängel, S. 11.

170 BGHSt 17, 359 f.; Noll, S. 74 ff.; Geerds, GA 1954, 262; Jescheck, § 34 I 3; Baumann/Weber, § 21 II 4 d); Welzel, S. 95; Sch-Sch/Lenckner, Vor § 32 Rdn. 29 ff.; LK/Hirsch, Vor § 32 Rdn. 96 ff., anders noch aber ders., ZStW 74, 104 Fn. 101.

habers einen rechtlich erheblichen Wert verkörperten. Ansonsten könne ja auch die Frage des Umfangs der Dispositionsmöglichkeit des Einwilligenden gem. den §§ 216, 226 a StGB nicht auftreten[171]. Würde man bereits einen Tatbestandsausschluß annehmen - so die weitere Argumentation - so seien nicht mehr Körper, Bewegungsfreiheit usw. geschützte Rechtsgüter der §§ 239, 223 StGB etc., sondern lediglich der Wille zur Wahrung dieser Werte[172]. Eine solche Subjektivierung des Rechtsgutsbegriffs dürfe nicht hingenommen werden.

Schließlich wird noch der Wortlaut des § 226 a StGB angeführt, dem zu entnehmen sei, daß die Einwilligung allenfalls rechtfertigen könne[173].

### *III. Genereller Tatbestandsausschluß*

Eine starke Gegenmeinung sieht demgegenüber eine wirksame Einwilligung als generell tatbestandsausschließend an. Individualrechtsgüter wie körperliche Unversehrtheit, Bewegungsfreiheit, Eigentum usw. würden nicht als statische Gebilde geschützt, sondern weil sie die Grundlage für ein Minimum an Freiheit bildeten[174]. So sei Schutzobjekt der Eigentumsdelikte nicht die einzlne Sache als solche, sondern die ausschließliche Nutzungs- und Verfügungsbefugnis des jeweiligen Eigentümers über die konkrete Sache. Es gehe um die Freiheit des Eigentümers, die ihm durch die Sache eröffneten Verwendungsmöglichkeiten nach seinem Belieben zu nutzen. Entsprechendes gelte für die anderen Individualrechtsgüter. Daher könne von einer Interessenkollision, durch die die übrigen Rechtfertigungsgründe gekennzeichnet seien, keine Rede sein[175]. Die Einwilligung wirke also bereits tatbestandsausschließend.

171 LK/Hirsch, Vor § 32 Rdn. 98; Sch-Sch/Lenckner, Vor § 32 Rdn. 34.

172 LK/Hirsch, Vor § 32 Rdn. 98; Sch-Sch/Lenckner, Vor § 32 Rdn. 34.

173 Sch-Sch/Lenckner, Vor § 32 Rdn. 34; Dreher/Tröndle, Vor § 32 Rdn. 3 b.

174 Vgl. Kientzy, S. 79; Zipf, Einwilligung, S. 30; ders., ÖJZ 1977, 380 f.; Maiwald, Zueignungsbegriff, S. 106 f; Roxin, Einwilligung, S. 11; Rudolphi, ZStW 86, 87; Kühne, JZ 1979, 242; Schmidhäuser AT, 8/123; ders., Studienbuch, 5/107; in diesem Sinne auch Hirsch, ZStW 74, 104 Fn. 101.

175 So besonders deutlich Kientzy, S. 80; Kühne, JZ 1979, 242.

### *IV. Differenzierende Lösungen*

Schließlich wurde in der Literatur auch eine differenzierende Lösung - insbesondere von *Jakobs*[176] - entwickelt, deren Besonderheit darin besteht, daß sowohl eine tatbestandsausschließende als auch eine rechtfertigende Einwilligung anerkannt werden.

Tatbestandsausschließend wirke die Einwilligung im Bereich der tauschbaren Güter; damit sind sämtliche Individualrechtsgüter gemeint, bei denen es nicht um die Basis von Entfaltung überhaupt geht. Die Basis von Entfaltung sei nur betroffen bei erheblichen Körperverletzungen, lang andauernden Freiheitsbeschränkungen und gewichtigen Ehrverletzungen[177]. In diesem Bereich - so *Jakobs* - könne die Einwilligung allenfalls rechtfertigend wirken. Bei der rechtfertigenden Einwilligung stelle allerdings im Unterschied zur tatbestandsausschließenden Einwilligung die Willkür des Betroffenen keinen hinreichenden Handlungsanlaß dar. Zur Rechtfertigung müsse vielmehr ein vernünftiger Einsatz dieser Güter hinzukommen. Die Bewertungsmaßstäbe hierfür sollen der Interessenabwägung beim Notstand entnommen werden[178].

### *V. Stellungnahme und eigener Lösungsansatz*

#### *1. Bedenken an sämtlichen Lösungsvorschlägen*

Zunächst ist festzustellen, daß zwar sämtliche Lösungsversuche zutreffende Gesichtspunkte herausgearbeitet haben, es bislang aber nicht gelungen ist, diese Gesichtspunkte zu einem in sich stimmigen Gesamtkonzept zusammenzufügen.

Auszugehen ist dabei davon, daß der Wortlaut des § 226 a StGB für die Beantwortung der Frage nach der dogmatischen Einordnung der Einwilligung nicht präjudiziell ist. Zwar spricht der Wortlaut "handelt nur rechtswidrig, wenn..." auf den ersten Blick für eine rechtfertigende Wirkung der Einwilligung; denn hieraus ergibt sich im Umkehrschluß, daß bei fehlender Sittenwidrigkeit die Körperverletzung aufgrund der Einwil-

176 AT, 7/111 ff.; ihm folgend Triffterer AT, Kapitel 11 II 3 b cc (S. 241); Versuch einer Differenzierung bei Kohlmann, Werner-FS, S. 402.

177 Jakobs AT, 14/6.

178 Jakobs AT, 14/9.

ligung nicht rechtswidrig ist. Die Rechtswidrigkeit entfällt aber nicht nur dann, wenn ein Rechtfertigungsgrund vorliegt, sondern erst recht, wenn bereits der Tatbestand ausgeschlossen ist[179]. § 226 a StGB enthält somit lediglich eine Einschränkung der strafbefreienden Kraft der Einwilligung, die von der systematischen Einordnung unabhängig ist.

Die Lehre vom generellen Tatbestandsausschluß leuchtet insbesondere dann unmittelbar ein, wenn es um die Einwilligung in die Verletzung frei verfügbarer Güter geht. Daß das Umgraben eines Rasenstücks oder das Fällen eines Baumes auf ausdrücklichen Wunsch des Eigentümers hin eine tatbestandsmäßige Sachbeschädigung sein soll und lediglich durch eine Einwilligung gerechtfertigt wird, ist wohl nur möglich, wenn man den tatbestandsmäßigen Erfolg naturalistisch bestimmt[180]. Die Sache Rasen und die Sache Baum sind in der Tat zerstört. Damit kann jedoch noch nicht das in § 303 StGB tatbestandlich vorausgesetzte Unrecht, eine Eigentumsverletzung, verwirklicht sein. Hierdurch werden Handlungsobjekt und geschütztes Rechtsgut nicht sauber auseinandergehalten[181]. Worin soll in einem derartigen Fall das öffnetliche Interesse am Erhalt der Sache bestehen, mit dem das Selbstbestimmungsrecht des Eigentümers kollidieren könnte, so daß lediglich eine Rechtfertigung in Betracht käme[182]? Die Einordnung der Einwilligung als Rechtfertigungsgrund ist insoweit systemfremd[183].

179 So auch Roxin, Einwilligung, S. 11 Fn. 16 für Art. 38 Nr. 1 des portugisischen StGB, während er bei der Interpretation des § 226 a StGB (S. 24) auf die Legaldefinition des § 11 Nr. 5 verweist. Ein weiterer Begründungsversuch findet sich bei Maurach/Zipf AT 1, § 17 Rdn. 66: Als Rechtswidrigkeitsproblem werde in § 226 a StGB nur die Sittenwidrigkeit der Tat angesehen.

180 Jakobs AT, 7/11 f.

181 So auch Roxin, Einwilligung, S. 11; vgl. auch Schmidhäuser, Studienbuch, 5/107 Fn. 45 mit der zutreffenden Differenzierung in objektsbezogener (z.B. § 303 StGB) und verhaltensbezogener (z.B. § 240 StGB) Autonomie; zu Recht weist Roxin, Einwilligung, S. 13 darauf hin, daß selbst der Körper Schutzobjekt nicht als "Anhäufung von Fleisch und Knochen", sondern nur in Verbindung mit dem Geist ist, der in ihm wohnt und ihn beherrscht; vgl. auch Maiwald, Zueignungsbegriff, S. 106 f.

182 Vgl. auch Arzt, Willensmängel, der bei einer generellen Abwägung im Einzelfall die Gefahr einer totalen Kontrolle des einzelnen dahingehend sieht, ob seine Selbstbestimmung "in falscher Wertung" begründet ist oder nicht.

183 Vgl. auch Zipf, Willensmängel, S. 58 f, der zudem darauf hinweist, daß die Rechtfertigung regelmäßig eine positive Stellungnahme der Rechtsgemeinschaft

Schwierigkeiten treten bei der Lehre vom generellen Tatbestandsausschluß auf, sobald es um die positivrechtlichen Grenzen in den §§ 216, 226 a StGB geht. Hier besteht doch zumindest teilweise ein höherrangiges öffentliches Interesse, das mit dem Selbstbestimmungsrecht des Individuums kollidiert. Daher kann u.U. erst nach schwierigen Abwägungen die Entscheidung getroffen werden, ob die Einwilligung wirksam ist oder nicht. Dies würde nahelegen, die Einwilligung als Rechtfertigungsgrund zu betrachten. Abwägungsgesichtspunkte spielen immer dann eine Rolle, wenn der Bereich der tauschbaren Güter verlassen wird und es um gravierende Beeinträchtigungen geht, so beispielsweise bei der Durchführung einer Nierentransplantation. Von daher ist eine differenzierende Lösung geboten, die beide Aspekte miteinander verbindet. Der hierzu von *Jakobs* gemachte Vorschlag einer Differenzierung zwischen tatbestandsausschließender und rechtfertigender Einwilligung erweist sich als zutreffender Ansatz. Bei näherem Zusehen erheben sich jedoch auch gegen diese Lösung Bedenken, wenn man den materiellen Grundgedanken der Einwilligung erneut in den Blick nimmt. Aufgrund des Selbstbestimmungsrechts kann der Inhaber eines Individualrechtsguts mit dem Gut nach seinem Belieben verfahren. Ob die gewünschte Zerstörung oder Verletzung vernünftig ist, steht ausschließlich der Entscheidung des Dispositionsbefugten anheim. Demgegenüber geht es in den Fällen der von *Jakobs* sog. rechtfertigenden Einwilligung sämtlich um Konstellationen, in denen die freie Verfügungsbefugnis des Individuums gerade nicht mehr gegeben ist. Der Eingriff des "Täters" muß vielmehr nach *allgemeinem Urteil* veranlaßt sein. Hierfür greift *Jakobs* auf Gesichtspunkte des rechtfertigenden Notstands i.S.d. § 34 StGB zurück. Damit befindet man sich aber außerhalb des originären Anwendungsbereichs der Einwilligung, bei der gerade die Willkür des Einwilligenden für den Eingriff stets ein hinreichender Handlungsanlaß ist.

zum Tun des Täters voraussetze, dies bei der Einwilligung aber häufig nicht gegeben sei, so daß etwa auch die auf Geheiß des Künstlers erfolgende Vernichtung eines wertvollen Gemäldes straflos sei; in diesem Sinne auch Kientzy, S. 80; i.E. ebenso Lenckner, GA 1985, 303: Es gebe nichts mehr abzuwägen.

### 2. *Genereller Tatbestandsausschluß infolge Einwilligung und Rechtfertigungsgesichtspunkte bei analoger Anwendung des § 34 StGB*

Indem man die Ergebnisse, die oben zur Problematik des materiellen Grundgedankens der Einwilligung und der Einwilligungsgrenzen erarbeitet wurden, miteinander verknüpft, läßt sich die Frage nach der Einordnung der Einwilligung in sich stimmig lösen. Charakteristisch für die Einwilligung ist die freie Verfügungsmöglichkeit des einzelnen. Soweit diese Verfügungsmöglichkeit reicht, leben Gesichtspunkte auf, die in der Literatur zur Begründung des Tatbestandsausschlusses angeführt werden. Das Fehlen eines konformen Willens des Gutsinhabers ist Bedingung dafür, daß überhaupt etwas Geschütztes verletzt wird. Liegt dagegen eine Einwilligung vor, ist der tatbestandsmäßig vorausgesetzte Erfolg mangels Angriffsobjekts nicht eingetreten. Es besteht daher kein rechtlich erheblicher Unterschied zu dem sog. Einverständnis. Ob ein Einverständnis oder eine Einwilligung in Betracht kommt, hängt vielmehr weitgehend davon ab, ob die deutsche Sprache einen Begriff kennt, der es gestattet, das Eingreifen gegen den Willen des Rechtsgutsträgers schon in der Formulierung der Tatbestandshandlung (z.B. "nötigen", "eindringen") auszudrücken[184]. Das Betreten einer Wohnung mit Willen des Hausrechtsberechtigten ist sozial ebenso unauffällig und damit tatbestandslos wie das Zerstören einer Sache mit dem Willen des Eigentümers. In beiden Fällen macht das Individuum von seinem Selbstbestimmungsrecht Gebrauch, nur jeweils in einem anderen Zusammenhang. Man kann daher das Fehlen einer Einwilligung als ungeschriebenes negativ gefaßtes Tatbestandsmerkmal betrachten, das in jeden individualrechtsgutsschützenden Tatbestand hineinzulesen ist.

Dem Selbstbestimmungsrecht des einzelnen können jedoch öffentliche Interessen gegenübertreten, die eine Einschränkung desselben angezeigt erscheinen lassen. Dies ist in den §§ 216, 226 a StGB - wie ermittelt wurde: materiell berechtigt - geschehen. Sobald diese Einschränkungen greifen, scil. bei Tötungen, erheblichen Körperverletzungen, Freiheitsbeschränkungen und Ehrverletzungen kommt eine strafbefreiende Wirkung der Einwilligung und damit auch ein Tatbestandsausschluß nicht mehr in Betracht.

184 Vgl. Roxin, Einwilligung, S. 25 f.; Kühne, JZ 1979, 242.

Auf der Rechtfertigungsebene bleibt aber die Möglichkeit einer Strafbefreiung aus sonstigen Gründen, die auch außerhalb der Einwilligung von Bedeutung sind. In Betracht kommt hier eine modifizierte Anwendung des § 34 StGB. Zu einer Abwägung kommt es also nur, wenn ein bestimmtes Rechtsgut nicht mehr zur Disposition des einzelnen steht[185]. Die von *Jakobs* sog. rechtfertigende Einwilligung stellt lediglich eine Umschreibung für diese anderweitige Rechtfertigungsmöglichkeit dar. Bereits die Terminologie sollte jedoch den Rechtsanwendern nahelegen, daß in diesen Fällen der bloße Wille des Betroffenen - das Charakteristische bei der Einwilligung - zur Strafbefreiung nicht ausreicht.

### *3. Die sog. Risikoeinwilligung als Problem der objektiven Zurechnung*

Bislang wurde festgestellt, daß eine wirksame Einwilligung dazu führt, daß überhaupt kein tatbestandlicher Erfolg verwirklicht wird; ein Angriffsobjekt, daß zerstört oder verletzt werden könnte, liegt nicht vor. Fehlt eine Einwilligung des Gutsinhabers in die Verletzung seines Guts, ist aber weiter zu klären, ob der - nunmehr vorliegende - tatbestandlich vorausgesetzte Erfolg dem Täter auch objektiv zurechenbar ist. Hierbei kann ein Mitwirken des späteren Opfers am Tatgeschehen dazu führen, das Verhalten des Täters als Organisation des Gutsinhabers zu definieren, für deren Konsequenzen er selbst verantwortlich ist. In diesen Problembereich gehören die Fälle der sog. Risikoeinwilligung, in denen sich der Erfolg als unerwünschte Folge eines gewünschten sozialen Kontakts darstellt. Wie gezeigt sind auch hier die in den §§ 216, 226 a StGB enthaltenen Wertungen zu berücksichtigen.

### *4. Ergebnis*

Als Ergebnis bleibt somit festzuhalten, daß eine Einwilligung, soweit sie zulässig ist, generell den Tatbestand ausschließt. Außerhalb des Anwendungsbereichs der Einwilligung bleibt eine Rechtfertigung durch eine modifizierte Anwendung des § 34 StGB möglich; hier sind der von dem Einwilligenden verfolgte Eingriffszweck und das durch den Eingriff ver-

185 Zutreffend insoweit Lenckner, GA 1985, 303.

letzte Gut gegeneinander abzuwägen. Die Vorzüge der Tatbestandslösung und die Vorzüge der Rechtfertigungslösung kommen somit einander zugute und bilden ein sinnvolles, in sich stimmiges Ganzes.

# 2. Teil: Problematik der Einwilligungsfähigkeit

In den bisherigen Ausführungen wurde vor allem die Frage behandelt, bei welchen Delikten eine Einwilligung zugunsten des eingreifenden Täters strafbefreiend wirken kann. Der Anwendungsbereich des Rechtsinstituts der Einwilligung wurde herausgearbeitet. Im folgenden soll bestimmt werden, unter welchen Voraussetzungen die Einwilligung wirksam ist. Dabei ist zunächst die Einwilligungsfähigkeit zu erörtern: Welchen Anforderungen muß derjenige genügen, der die Verletzung seiner Güter will?

## A. Natürliche Einsichts- und Urteilsfähigkeit als unmittelbarer Ausfluß des Selbstbestimmungsrechts

Grundlage der rechtlichen Anerkennung der Einwilligung ist die Autonomie des Individuums, d.h. das Recht, über den Umgang mit den ihm rechtlich zugewiesenen Gütern selbst zu bestimmen. Als wirklicher Akt der Selbstbestimmung kann sich die Einwilligung aber nur darstellen, wenn der einzelne Bedeutung und Tragweite des Eingriffs sachgerecht erkennen und beurteilen kann. Das Individuum muß daher nach seiner natürlichen Verstandesreife die Auswirkungen des seine Interessen berührenden Eingriffs voll erfassen[1]. Fehlt die so bestimmte Einsichts- und Urteilsfähigkeit, ist eine Einwilligung unwirksam[2]. Praktische Bedeutsamkeit erlangt die Frage der Einwilligungsfähigkeit vor allem im Bereich des ärztlichen Heileingriffs oder sonstiger Eingriffe, deren Beurteilung besonderes Sachverständnis erfordert. Ein Laie kann hier die Tragweite des Eingriffs erst zutreffend beurteilen, wenn er zuvor umfassend

1 BGHSt 4, 88, 90; 23, 1; Stratenwerth AT, Rdn. 379; Baumann/Weber, § 21 II 4 b; Jescheck, § 34 IV 3; Maurach/Zipf AT 1, § 17 Rdn. 57.

2 Allgemeine Meinung, vgl. statt aller Sch-Sch/Lenckner, Vor § 32 Rdn. 39 ff. m.w.Nw.

aufgeklärt wurde[3]. In welcher Weise und vor allen Dingen in welchem Umfang dies im einzelnen zu geschehen hat, gehört zur Thematik "ärztlicher Heileingriff" und soll hier nicht weiter vertieft werden[4].

## B. Die Einwilligungsfähigkeit Minderjähriger oder sonst in der Geschäftsfähigkeit beschränkter Personen

### *I. Problemstellung*

Bei Volljährigen, die in der Geschäftsfähigkeit nicht beschränkt sind, ist regelmäßig an der für die Wirksamkeit der Einwilligung erforderlichen Einsichts- und Urteilsfähigkeit nicht zu zweifeln. Was gilt aber für beschränkt Geschäftsfähige i.S.d. §§ 106, 114 BGB, insbesondere für Minderjährige?

Auch hier hat zunächst der Grundsatz Gültigkeit: Es kommt auf die Einsichts- und Urteilsfähigkeit im konkreten Einzelfall an. Soweit es um höchstpersönliche Rechtsgüter, insbesondere um Eingriffe in die körperliche Integrität geht, ist dies anerkannt[5]. Auch Minderjährige können bereits den Reifegrad erlangt haben, der erforderlich ist, um die Tragweite eines bestimmten Eingriffs voll zu erfassen. Bei der Feststellung der Urteilsfähigkeit gelten allerdings strenge Anforderungen - diese um so strenger je schwerwiegender die absehbaren Folgen[6].

Problematisch und umstritten allerdings sind die Fälle, in denen Vermögensrechte des Minderjährigen verletzt werden. Denn soweit Vermögensrechte in Rede stehen, hält das BGB die §§ 105 ff. als rechtsgeschäftliche Regeln bereit, die die natürliche Einsichtsfähigkeit nicht genügen lassen. Erlangen diese BGB-Regeln auch hier Bedeutung?

Bevor auf die Kontroverse näher eingegangen wird, die sich um dieses Thema spannt, soll die Fallkonstellation ausgeschieden werden, die außer Streit steht. Die Einwilligung eines Minderjährigen in Eingriffe, die sein Vermögen und sein Eigentum betreffen, ist dann unwirksam, wenn

3 Jakobs AT, 14/7.

4 Umfassende Nachweise zur Kasuistik bei Sch-Sch/Eser, § 223 Rdn. 40 ff.

5 Vgl. BGHSt 4, 88, 90; LK/Hirsch, Vor § 32 Rdn. 118; Sch-Sch/Lenckner, Vor § 32 Rdn. 40.

6 Vgl. Sch-Sch/Lenckner, Vor § 32 Rdn. 40.

der Minderjährige nicht einmal die Tragweite seiner Entscheidung erkennt; dann nämlich fehlt ihm schon die natürliche Einsichtsfähigkeit. Auf die Frage, ob für die Wirksamkeit der Einwilligung Geschäftsfähigkeit erforderlich ist, kommt es also nicht mehr an. Dagegen erhebt sich die Frage nach der Einwilligungsfähigkeit von Minderjährigen bei Eingriffen in das Eigentum und Vermögen dann, wenn der Minderjährige über die natürliche Einsichts- und Urteilsfähigkeit verfügt[7].

## *II. Meinungsstand zur entsprechenden Anwendung der §§ 104 ff. BGB bei Vermögensrechtsverletzungen*

### *1. Erfordernis der Verfügungsfähigkeit im zivilrechtlichen Sinne*

In der Literatur wird z.T. gefordert, die strafrechtliche Einsichtsfähigkeit bei Minderjährigen an den zivilrechtlichen Regeln der Geschäftsfähigkeit zu messen, soweit es um Vermögensrechtsverletzungen geht[8]. Ausschlaggebend hierfür soll der Grundsatz der Einheit der Rechtsordnung sein. Wenn es dem beschränkt Geschäftsfähigen bzw. dem Geschäftsunfähigen im Zivilrecht verwehrt sei, wirksam Vermögensstücke zu übertragen, dann sei es nicht konsequent, ihm die Zerstörung oder Entziehung von Vermögensstücken im Wege der Einwilligung zu erlauben. Faktisch könne der Minderjährige ansonsten über eine Einwilligung gerade das Ergebnis erzielen, das sich rechtsgeschäftlich nicht herbeiführen ließe[9]. Soll etwa - so fragt *Traeger*[10] - ein durch sozialistische Irrlehren verleiteter jugendlicher Schwärmer in die Vernichtung von Vermögensstücken wirksam einwilligen und auf diese Weise einen ihm nachteiligen Erfolg herbeiführen können, den das bürgerliche Recht mit seinen Bestimmungen über Rechtsgeschäfte gerade vermeiden will?

Wie sollte anders auch der Widerspruch zwischen der Einwilligung eines einsichtsfähigen Minderjährigen und der Verweigerung der Einwilli-

7 So auch klarstellend Lenckner, ZStW 72, 447.

8 Lenckner, ZStW 72, 456; Sch-Sch/Lenckner, Vor § 32 Rdn. 39; Jakobs AT, 7/114; Baumann/Weber, § 21 II 4 b (S. 324); SK/Samson, Vor § 23 Rdn. 41; Dreher/Tröndle, Vor § 32 Rdn. 3; so auch schon Traeger, GS 94,148.

9 Jakobs AT, 7/114; Lenckner, ZStW 72, 456.

10 GS 94, 148.

gung durch den gesetzlichen Vertreter gelöst werden können, da beide Entscheidungen gelten? Dieses Dilemma entschärfe sich, wenn allein die Entscheidung des gesetzlichen Vertreters maßgeblich sei[11].

### *2. Rein strafrechtliche Betrachtung durch die überwiegende Meinung*

Die überwiegende Meinung stellt demgegenüber auf die Eigenständigkeit des Strafrechts ab. Die Einwilligung sei keine Rechtshandlung im Sinne des bürgerlichen Rechts, so daß auch die §§ 104 ff. BGB keine Anwendung finden könnten[12]. Indem im Zivilrecht eine generelle Altersgrenze festgelegt werde, sei der Schutz des Rechtsverkehrs intendiert. Dieser Gesichtspunkt fände im Strafrecht keine Entsprechung[13]. Im übrigen führe die Gegenmeinung zu Wertungswidersprüchen, indem ein einsichtsfähiger Minderjähriger zwar in eine Körperverletzung, nicht aber in eine Eigentumsverletzung einwilligen könnte[14].

## *III. Kritik und eigener Lösungsansatz*

### *1. Ausgangspunkt*

Diese dargestellten Ansätze lassen sich (scheinbar) schwerlich miteinander in Einklang bringen. Bestimmt man die Einwilligungsfähigkeit des Minderjährigen rein strafrechtlich, so reicht die natürliche Einsichts- und Urteilsfähigkeit aus, berücksichtigt man dagegen das Zivilrecht und zieht man den Grundsatz der Einheit der Rechtsordnung heran, so kann der Minderjährige mangels Geschäftsfähigkeit (allein) nicht wirksam in Vermögensverletzungen einwilligen.

Bei einer kritischen Würdigung der Meinungsunterschiede ist zunächst zu berücksichtigen, daß weder die These von der Eigenständigkeit des Strafrechts noch das Dogma von der Einheit der Rechtsordnung in dieser Allgemeinheit Geltung beanspruchen können, da sich im StGB - anerkanntermaßen - Ausprägungen beider Prinzipien finden lassen. So ist

11 Jakobs AT, 7/114.

12 LK/Hirsch, Vor § 32 Rdn. 118 m.w.Nw.; Stratenwerth AT, Rdn. 380; Jescheck, § 34 IV 1; Maurach/Zipf AT 1, § 17 Rdn. 57; Zipf, ÖJZ 1977, 384; Welzel, S. 96.

13 LK/Hirsch, Vor § 32 Rdn. 118.

14 Stratenwerth AT, Rdn. 380; Schmidhäuser AT, 8/134.

weitgehend anerkannt, daß sich die Rechtmäßigkeit einer Diensthandlung i.S.d. § 113 StGB strafrechtlich zumindest teilweise unabhängig von den Regeln des Verwaltungsrechts beurteilt[15]. Demgegenüber wird der Begriff "fremd" i.S.d. §§ 242, 246 und 303 StGB streng zivilrechtsakzessorisch ausgelegt[16]. Es muß also jeweils für sich untersucht werden, ob und in welchem Umfang Regeln anderer Rechtsgebiete im Strafrecht Geltung beanspruchen können.

Die Übertragung eines Rechtsgedankens von einem Rechtsgebiet auf ein anderes setzt notwendig allerdings zunächst voraus, daß die Bedeutung des Rechtsgedankens in dem eigenen Rechtsgebiet geklärt wurde. Diese Klarheit ist bei den Vertretern beider Positionen bisher zu vermissen. Unterstellt wird nämlich bei der Kontroverse stets, daß die Einwilligung des Minderjährigen zivilrechtlich keine Wirksamkeit entfalten kann. Der Meinungsstreit wird aber nahezu bedeutungslos, wenn beispielsweise die Einwilligung eines - voll einsichtsfähigen - Minderjährigen in die Zerstörung seiner Sache dazu führt, daß nicht einmal eine rechtswidrige Eigentumsverletzung i.S.d. § 823 BGB vorliegt. Wenn die §§ 104 ff. BGB der Wirksamkeit der Einwilligung im Deliktsrecht des BGB nicht entgegenstehen und sogar im Zivilrecht die natürliche Einsichtsfähigkeit genügt, ist kein vernünftiger Grund ersichtlich, die Frage der Einwilligungsfähigkeit von Minderjährigen im Strafrecht an den §§ 104 ff. BGB auszurichten. Entscheidend kommt es also darauf an, ob Zivil- und Strafrecht sich in diesem Punkt überhaupt widersprechen.

### *2. Überprüfung der Anwendbarkeit der §§ 104 ff. BGB im Deliktsrecht des BGB*

Zu klären ist daher, ob und inwieweit die §§ 104 ff. BGB im Recht der unerlaubten Handlungen anwendbar sind. Diesbezüglich ist in der Literatur wegen § 828 II BGB unstreitig, daß das Recht der unerlaubten Handlungen die Verantwortlichkeit der nicht voll Geschäftsfähigen im deliktischen Bereich unabhängig davon bestimmt, in welchem Umfang sie sich rechtsgeschäftlich verpflichten können[17]. Der Schutzgedanke der §§ 104 ff. BGB greift nicht ein, weil er von der Wertung des § 828 II BGB über-

15 Vgl. Sch-Sch/Eser, § 113 Rdn. 21 ff. m.w.Nw.
16 Sch-Sch/Eser, § 242 Rdn. 12.
17 Mü-Ko/Gitter, Vor § 104 Rdn. 50 unter Hinweis auf BGHZ 55, 128, 136.

lagert wird. Direkt regelt § 828 II BGB allerdings nur die Frage der Deliktsfähigkeit, die Frage also, inwieweit ein Minderjähriger der Haftung wegen einer unerlaubten Handlung ausgesetzt werden kann. Deshalb lehnt *Lenckner* beispielsweise die Anwendung dieser Vorschrift auf die Problematik der Einwilligungsfähigkeit strikt ab[18]. Im übrigen Schrifttum wird die Heranziehung der Regeln über die Deliktsfähigkeit nicht einmal erwogen. Dabei bietet sich jedoch eine Parallele ganz offensichtlich an: Stellt man auf die Deliktsfähigkeit ab, führt dies im Unterschied zu den §§ 104 ff. BGB zu einer Ausweitung der Haftung des Minderjährigen in diesem Bereich, wenn er selbst verantwortlich ist. Wirtschaftlich wird dasselbe Ergebnis erzielt, wenn man dem Minderjährigen deliktische Schadensersatzansprüche versagt, vorausgesetzt er hat voll einsichtsfähig in eine unerlaubte Handlung eingewilligt. In beiden Fällen agiert der Minderjährige im deliktischen Bereich; die Anwendung des § 828 II BGB gegenüber den §§ 104 ff. BGB, die sich in erster Linie auf den rechtsgeschäftlichen Bereich beziehen, ist hier vorzugswürdig. Dabei kommt es allerdings nicht - wie bei § 828 II BGB - auf die Fähigkeit des Minderjährigen an, das Unrecht der Tat einzusehen, sondern darauf, Gewicht und Bedeutung des Eingriffs einzuschätzen. § 828 II BGB läßt sich also entnehmen, daß die nach Altersgrenzen stark schematisierten Regeln über die Geschäftsfähigkeit im Deliktsrecht generell und damit auch bei der Frage der Einwilligungsfähigkeit einer Einzelbetrachtung weichen müssen[19].

Die Richtigkeit dieser Annahme bestätigt sich, wenn man Problembereiche in den Blick nimmt, bei denen sich die Frage der Anwendbarkeit der §§ 104 ff. BGB ebenfalls stellt. So fragt sich z.B. im Bereicherungsrecht[20], nach welchen Regeln die Bösgläubigkeit des Minderjährigen i.S.d. § 819 BGB zu bestimmen ist. Hier wird weitgehend danach differenziert, ob es sich um eine Leistungskondiktion oder eine Eingriffskondiktion handelt. Solange Vermögensverschiebungen im Rahmen eines rechtsgeschäftlichen Austauschverhältnisses in Rede ste-

18 Lenckner, ZStW 72, 454.

19 Im Ergebnis ebenso Soegel/Zeuner, § 823 Rdn. 197; RGRK/Steffen, § 823 Rdn. 377 f.; a.A. aber Staudinger/Schäfer, § 823 Rdn. 457; Mü-Ko/Gitter, Vor § 104 Rdn. 86; Kohte, AcP 185, 146.

20 Umfassende Aufzählung sonstiger Problembereiche bei Boehmer, MDR 1959, 706, etwa §§ 990,1007 BGB.

hen (Leistungskondiktion), finden die §§ 104 ff. BGB Anwendung[21]. Sobald aber der Minderjährige zumindest gleichzeitig eine unerlaubte Handlung begeht, werden die Regeln über die Deliktsfähigkeit herangezogen[22]. Auch hier tritt also der Schutzzweck der §§ 104 ff. BGB zurück und hat einer Einzelfallbewertung zu weichen. Die den §§ 104 ff. BGB neben dem Minderjährigenschutz zugrundeliegende Sicherheit des Rechtsverkehrs spielt im Rahmen der unerlaubten Handlungen nur eine untergeordnete Rolle[23].

Stellt man auf § 828 II BGB ab, ist nicht weiter verwunderlich, daß der Minderjährige durch seine Einwilligung faktisch ein Ergebnis erreichen kann, das er rechtsgeschäftlich gerade nicht zu erzielen in der Lage ist[24]. Auch im unmittelbaren Anwendungsbereich des § 828 II BGB kann nämlich der Minderjährige, wenn er die geforderte Reife besitzt, durch bloß faktisches Verhalten eine Haftung bewirken, die rechtsgeschäftlich gerade durch die §§ 104 ff. BGB ausgeschlossen sein soll[25].

### *3. Ergebnis*

Im Deliktsrecht des BGB bestimmt sich die Einwilligungsfähigkeit von Minderjährigen auch bei Vermögensrechtsverletzungen nach der natürlichen Einsichts- und Urteilsfähigkeit des jeweiligen Einzelfalls. Die schematisierten Regeln der §§ 104 ff. BGB finden insoweit keine Anwendung. Deshalb besteht auch keine Veranlassung, die rechtsgeschäftlichen Regeln bei der Bestimmung der Einwilligungsfähigkeit von Minderjährigen im Strafrecht heranzuziehen. Im Ergebnis - keinesfalls im Ausgangspunkt und Begründung - stimmt daher die hier vertretene Ansicht mit der h.M. überein. Der angebliche Unterschied besteht nicht zwischen Zivil- und Strafrecht, sondern *innerhalb* des Zivilrechts zwischen dem Vertrags- und Deliktsrecht.

21 Vgl. Mü-Ko/Gitter, Vor § 104 Rdn. 49.

22 Vgl. insbesondere BGHZ 55, 126 (sog. Flugreiseentscheidung); Mü-Ko/Gitter, Vor § 104 Rdn. 50; RGRK/Heimann-Trosien, § 819 Rdn. 7; Palandt/Thomas, § 819 Anm. 2 e.

23 Vgl. in diesem Sinne auch Soergel/Zeuner, § 823 Rdn 197.

24 Kritisch insoweit Staudinger/Schäfer, § 823 Rdn. 457.

25 Vgl. zu diesem Gesichtspunkt auch BGHZ 34, 355, 362, 366. In dem der Entscheidung zugrundeliegenden Fall schied ein vertraglicher Haftungsverzicht aufgrund der Minderjährigkeit des Verletzten aus. In Betracht zu ziehen ist aber die

## C. Widerspruch zwischen dem einsichtsfähigen Minderjährigen und seinem gesetzlichen Vertreter

Wie erarbeitet wurde, richtet sich die Einwilligungsfähigkeit des Minderjährigen nach seiner natürlichen Einsichts- und Urteilsfähigkeit. Fehlt dem Minderjährigen diese Fähigkeit, so können die gesetzlichen Vertreter die Einwilligung erteilen[26]. Was gilt aber, wenn der einsichtsfähige Minderjährige in die Verletzung eines Gutes einwilligt, der gesetzliche Vertreter hingegen die Einwilligung verweigert?

Die elterliche Gewalt dient dem Interesse des Kindes, bis es zu einer selbstverantwortlichen Persönlichkeit herangewachsen ist; daher verliert sie zunehmend ihre Berechtigung, wenn der Minderjährige selbst die nötige Fähigkeit zu verantwortlichem Handeln erworben hat[27]. Der Minderjährige entscheidet bei gegebener Urteilsfähigkeit in alleiniger Zuständigkeit darüber, ob er in einen an sich rechtswidrigen Eingriff in seine persönliche Rechtssphäre einwilligt. Seine Entscheidung geht daher derjenigen seines gesetzlichen Vertreters vor[28]. Abweichend vertritt *Lenckner*[29] den Standpunkt, daß es auf die Entscheidung des Sorgeberechtigten ankomme, wenn der Minderjährige trotz voller Erkenntnis von Bedeutung und Tragweite einer Einwilligung aus völlig sachfremden Erwägungen eine offensichtliche Fehlentscheidung treffe. Dieser Ansatz kann jedoch nicht überzeugen: Entweder ist die Entscheidung des Minderjährigen ein Zeichen dafür, daß er die nötige Einsichts- und Urteilsfähigkeit nicht besitzt. Dann kommt es auf die Einwilligung des gesetzlichen Vertreters an. Oder die Einsichtsfähigkeit des Minderjährigen ist

Berücksichtigung des Mitverschuldens gem. § 254 i.V.m. § 828 II BGB. Der BGH aao S. 362 hält es für unangemessen, die Entscheidung über die Haftung auch bei deliktsrechtlich verantwortungsfähigen Minderjährigen von der Zustimmung des gesetzlichen Vertreters abhängig machen zu wollen.

26 Verweigert der Vertreter die Einwilligung pflichtwidrig, so kommt gem. den §§ 1666, 1909 BGB die Entscheidung eines Pflegers isn Betracht; vgl. zu Einzelheiten Sch-Sch/Lenckner, Vor § 32 Rdn. 41 m.w.Nw.

27 Vgl. Lenckner, ZStW 72, 462 f.

28 Ganz überwiegende Auffassung, vgl. LK/Hirsch, Vor § 32 Rdn. 118; Jescheck, § 34 IV 3; Lackner, § 226 a Anm. 2 b; Schmidhäuser AT, 8/143; Boehmer, MDR 1959, 706; Jakobs AT, 7/114, allerdings nicht für Vermögensrechtsverletzungen; a.A. wohl nur Dreher/Tröndle, § 223 Rdn. 9 e, allerdings ohne Begründung.

29 ZStW 72, 463.

gegeben, dann hat er aber auch die volle Verantwortung für den Eingriff zu tragen[30]. Der Selbstbestimmung des Minderjährigen korrespondiert notwendigerweise die Selbstverantwortung. Seine Entscheidung genießt Vorrang.

Es besteht keine Veranlassung, von diesem Grundsatz bei Vermögensrechtsverletzungen eine Ausnahme zu machen[31]. Wenn also der einsichtsfähige 17jährige Eigentümer einen Gärtner gegen Zahlung von 200 DM darum bittet, einen Baum auf seinem Grundstück zu fällen, während der Vormund widerspricht, liegt wegen der Einwilligung weder eine rechtswidrige Eigentumsverletzung i.S.d. § 823 I BGB, noch eine rechtswidrige Sachbeschädigung i.S.d. § 303 StGB vor. Die Entscheidung des Minderjährigen geht der Entscheidung des Vormunds insoweit vor[32]. Bezüglich der rechtsgeschäftlichen Bindung finden allerdings die §§ 104 ff. BGB uneingeschränkt Anwendung, so daß der Gärtner im Beispielsfall keinen vertraglichen Anspruch auf Vergütung geltend machen kann. Hat der Gärtner Kenntnis von dem Widerspruch des Vormunds, erledigt sich das Problem bereits aus praktischen Gründen, da der Gärtner ohne Aussicht auf Erhalt der Vergütung den Baum regelmäßig nicht fällen wird.

30 So auch Jakobs AT, 7/114 Fn. 176.

31 Siehe aber Jakobs AT, 7/114.

32 Leicht abgewandeltes Beispiel von Jakobs AT, 7/114, der es allerdings umgekehrt löst, d.h. wegen der §§ 104 ff. BGB Unwirksamkeit der Einwilligung annimmt. Je nach Fallgestaltung kommt aber ein Anspruch gem. § 823 II BGB i.V.m. § 263 StGB in Betracht.

# 3. Teil: Auswirkungen von Willensmängeln auf die Einwilligung

## A. Problemstellung

Den wohl umstrittensten Bereich innerhalb der Einwilligungslehre bilden die Willensmängel. Welchen Einfluß haben Irrtümer, Täuschungen und Drohungen auf die Wirksamkeit der Einwilligung oder - präziser formuliert - auf die Frage der Strafbarkeit des eingreifenden bzw. täuschenden oder drohenden Täters? Zu diesem Fragenkomplex werden zahlreiche Meinungen vertreten. Diese Diskussion und der Meinungsstand hierzu werden aber in einer erst kürzlich veröffentlichten Arbeit[1] ausführlich und umfassend aufgearbeitet. Hier soll demgegenüber ein neuer Lösungsansatz thematisiert werden, der zunächst von *Jakobs*[2] entwickelt, bisher jedoch unbeachtet geblieben ist[3]. Dreh- und Angelpunkt ist dabei die prinzipielle Gleichwertigkeit der Haftungsvoraussetzungen einer mittelbaren Täterschaft bei der Selbstverletzung einerseits und einer mittelbaren Selbstverletzung in Form der Erteilung einer Einwilligung andererseits.

Welchen Einfluß ein Willensmangel auf die Wirksamkeit der Einwilligung ausübt, fragt sich allerdings erst, wenn überhaupt eine Einwilligung vorliegt. Kritikpunkt an der Literatur ist in diesem Zusammenhang vor allem, daß die Fragen nach Vorliegen und der Wirksamkeit der Einwilligung häufig nicht in der erforderlichen Weise auseinandergehalten werden. Dieses denknotwendig vorrangige Problem muß zunächst gelöst werden.

1 Kußmann, Einwilligung, 1988.
2 AT, 7/118 ff.
3 Eine Ausnahme bildet insoweit Roxin, Noll-GS, S. 291 ff.

## B. Fehlen einer Einwilligung bei rechtsgutsbezogenen Irrtümern

### *I. Wille zur Preisgabe des Rechtsguts als Konsequenz des Selbstbestimmungsrechts*

Ausgangspunkt der folgenden Überlegungen ist wiederum, daß die Einwilligung ihre rechtliche Anerkennung dem Selbstbestimmungsrecht entnimmt. Dieses Recht prägt sich in der Freiheit des Individuums, mit den ihm rechtlich zugewiesenen Gütern nach seinem Belieben zu verfahren, aus, was auch beinhaltet, einem Dritten zu gestatten, das betreffende Gut zu verletzen bzw. zu zerstören. Voraussetzung ist aber stets ein dahingehender Wille des Betroffenen, der sich auf die Herbeiführung des tatbestandsmäßigen Erfolges beziehen muß. Bedeutsam wurde dies zunächst für die Bestimmung des Einwilligungsgegenstandes. Der Grundgedanke der Einwilligung erlangt aber auch bei Willensmängeln, die sich auf das beeinträchtigte Rechtsgut beziehen, Erheblichkeit. Angenommen, A willigt darin ein, daß B ihm eine Ohrfeige versetzt, wird aber von B darüber getäuscht, daß dieser einen Schlagring anhat[4]. Hinsichtlich der durch den Schlagring eingetretenen Verletzung der körperlichen Integrität liegt eine Einwilligung des A überhaupt nicht vor, so daß bereits aus diesem Grunde eine Strafbefreiung des B nicht eintreten kann. Als weiteres Beispiel kann ein von *Schmidhäuser*[5] gebildeter Fall dienen: Jemand willigt im Rahmen eines Sylvesterscherzes darin ein, daß ein anderer ihm eine Holzkugel auf den Fuß fallen läßt, die aber in Wahrheit aus Metall ist und viel größere Schmerzen verursacht, als es eine Holzkugel getan hätte. Auch hier fehlt die Einwilligung des Betroffenen in die konkret eingetretene Verletzung. Daß in diesen Fällen grundsätzlich eine Strafbefreiung des eingreifenden Täters nicht eintritt, liegt schlicht am Fehlen einer Einwilligung[6]. Man kann diesen Sachverhalt auch dahingehend formulieren, daß ein rechtsgutsbezogener Irrtum des Betroffenen stets beachtlich ist. Dies leuchtet unmittelbar ein und ist denn auch unstreitig[7]. Wie könnte wirksam sein, was tatsächlich gar nicht vorliegt?

4 Beispiel von Arzt, Willensmängel, S. 20.

5 AT, 8/137.

6 Im Ergebnis ebenso Jakobs AT, 7/117; Roxin, Noll-GS, S. 283; ihnen folgend Kußmann, S. 69.

7 Vgl. nur Sch-Sch/Lenckner, Vor § 32 Rdn. 46 m.w.Nw.

## *II. Präzisierung des Begriffs der Rechtsgutsbezogenheit*

Klärungsbedürftig ist allerdings, wann Rechtsgutsbezogenheit anzunehmen ist. Ein das Vorliegen einer Einwilligung ausschließender Irrtum des Betroffenen liegt immer dann vor, wenn er eine Fehlvorstellung über das Ob oder das Gewicht der durch die Eingriffshandlung mit dem Gut stattfindenden nachteiligen Veränderung hat[8]. Der Dispositionsbefugte ist sich in diesen Fällen nicht bewußt, was er überhaupt aufgibt[9]. Davon abzugrenzen sind Fehlvorstellungen über die Begleitumstände der Tat, insbesondere Irrtümer über die mit der Tauschbarkeit des Rechtsguts verbundene erwartete Gegenleistung[10]. Typisch für einen nicht rechtsgutsbezogenen Irrtum ist etwa der Fall, daß jemand für eine Blutspende ein Honorar anbietet, das er von vorneherein nicht zahlen will. Als bloßer Begleitumstand der Tat muß aber - entgegen *Bloy*[11] - auch der soziale Sinngehalt des Eingriffs angesehen werden, wenn sich der Dispositionsbefugte im übrigen über das betroffene Objekt sowie über Art und Schwere des Eingriffs im klaren ist. Wenn also beispielsweise der Rechtsgutsträger gestattet, ihn für einen angeblichen wissenschaftlichen Versuch einzuschließen, während tatsächlich bezweckt war, ihn als Zeugen eines Verbrechens auszuschalten[12], liegt gleichwohl eine Einwilligung in die Freiheitsberaubung i.S.d. § 239 StGB vor. Zwar hat der Zustimmende den sozialen Sinngehalt des Eingriffs, nämlich die Verhinde-

8 So die Definition von Jakobs AT, 7/117; vgl. auch Arzt, Willensmängel, S. 20, der den Begriff des rechtsgutsbezogenen Irrtums geprägt hat.

9 Als rechtsgutsbezogener Irrtum ist auch der Fall anzusehen, in dem jemandem die vollkommene Nutzlosigkeit des Bestands einer Sache vorgespiegelt wird und der deshalb mit der Zerstörung einverstanden ist. Bei materieller Betrachtung liegt in diesem Falle ein schutzwürdiges Gut, das aufgegeben werden könnte, nach der Vorstellung des Betroffenen überhaupt nicht vor. Wenn also A den B dadurch zur Zustimmung in die Schlachtung seiner Kuh bewegt, daß er ihm vorspiegelt, die Kuh sei unheilbar krank, so liegt eine Einwilligung nicht vor. Das Beispiel stammt von Noll, S. 131 und wird von Meyer, S. 166 f. aufgegriffen. Entsprechendes muß bei einem Irrtum über die preisbildenden Eigenschaften oder den Marktwert einer Sache gelten. Hier ist sich der Gutsinhaber zumindest teilweise nicht darüber im klaren, was er aufgibt; vgl. in diesem Sinne auch Sch-Sch/Lenckner, Vor § 32 Rdn. 46; a.A. insoweit Meyer, S. 173 f.

10 Gegenleistung auch im immateriellen Sinn, vgl. Kußmann, S. 53.

11 ZStW 96, 717 f.

12 Beispiel von Bloy, ZStW 96, 717.

rung, Zeuge eines Verbrechens zu werden, nicht erkannt. Geprägt ist aber die Einwilligung dadurch, daß der Betroffene die Herbeiführung des tatbestandsmäßig vorausgesetzten Erfolges will. Erfolg i.S.d. § 239 StGB ist die Einschränkung der körperlichen Bewegungsfreiheit; dieser Erfolg wurde aber von dem Betroffenen gerade gewünscht, mithin liegt eine Einwilligung vor. Im übrigen ist das nach *Bloy* maßgebliche Kriterium des sozialen Sinngehalts als solches unklar. Irrt jemand über eine vom Täter versprochene Gegenleistung und willigt deshalb in eine Gutsverletzung ein, verkennt er den sozialen Sinngehalt des Eingriffs, weil auch die Gegenleistung zum sozialen Kontext gehört. Willigt beispielsweise A nur deshalb in die Explantation einer Niere ein, weil ihm ein Arzt 10.000 DM verspricht, - § 226 a StGB soll ausgeklammert bleiben - dieser den A aber in Wirklichkeit nur schädigen wollte, so besteht der soziale Sinngehalt ausschließlich in der Schädigung des A, während A den Sinngehalt in dem Verkauf einer Niere sah. Würde *Bloy* auch hier einen rechtsgutsbezogenen Irrtum annehmen? Wohl kaum, denn eine Täuschung über die Gegenleistung - hier die Zahlung der 10.000 DM - sieht er als unbeachtlich an[13]. Für einen rechtsgutsbezogenen Irrtum im Sinne *Bloys* spricht jedoch, daß dem A infolge des Irrtums der Blick dafür verstellt wird, was die Explantation der Niere bedeutet: nicht Verkauf einer Niere zu einem annehmbaren Preis, sondern bloße Schädigung und Befriedigung des Rachedurstes des Arztes. Das Kriterium des sozialen Sinngehalts erweist sich damit im Rahmen der Einwilligungslehre als ebenso unhandhabbar wie das im Rahmen der mittelbaren Täterschaft von *Roxin* entwickelte Kriterium des Irrtums über den konkreten Handlungssinn[14]. Von einem rechtsgutsbezogenen Irrtum kann also nicht die Rede sein, wenn sich der Dispositionsbefugte über das betroffene Objekt sowie über Art und Schwere des Eingriffs im klaren ist.

Es ist aber darauf hinzuweisen, daß es hier nur darum geht, solche Fälle auszuscheiden, in denen von einer Einwilligung überhaupt nicht gesprochen werden kann. Auch wenn in diesem Sinne von einer Einwilligung auszugehen ist, der Dispositionsbefugte also nicht rechtsgutsbezogen irrt, steht damit die Straflosigkeit des Eingreifenden - es liegt immerhin eine Täuschung vor - noch nicht fest. Hierauf ist zurückzukommen.

13 Bloy, ZStW 96, 718.

14 Vgl. LK/Roxin, § 25 Rdn. 101; durchschlagende Kritik hiergegen bei Jakobs AT, 21/101; Stratenwerth AT, Rdn. 785 f.

### *III. Irrtümer über die Qualifikation des Eingreifenden*

Abgrenzungsprobleme treten bei Irrtümern über die Qualifikation des Eingreifenden auf. Praktisch relevant ist hier insbesondere eine dem sog. Famulus-Fall des BGH[15] entsprechende Konstellation: Patienten waren der irrigen Vorstellung erlegen, von einem Arzt behandelt zu werden, während es sich in Wirklichkeit um eine andere Medizinalperson (etwa einen Famulus) handelte. Ist der Eingriff trotz der mangelnden Qualifikation des Eingreifenden kunstgerecht und im Ergebnis erfolgreich ausgeführt worden, könnte man allerdings schon das Vorliegen einer Körperverletzung verneinen[16]; auf eine Einwilligung würde es dann nicht mehr ankommen. Eine Köperverletzung liegt aber nach allgemeiner Meinung dann vor, wenn die Behandlung nicht zu Heilzwecken indiziert ist[17], so daß das Einwilligungsproblem jedenfalls insoweit auftritt. Die Rechtsprechung sieht darüberhinaus in jeder die körperliche Integrität berührenden Maßnahme eine tatbestandliche Körperverletzung[18]. Davon soll im folgenden ebenfalls ausgegangen werden[19], so daß sich das Einwilligungsproblem generell stellt. Bei seiner Lösung ist wie folgt zu differenzieren:

#### *1. Beschränkung der Einwilligung durch den Dispositionsbefugten*

Keine Probleme treten auf, wenn der Rechtsgutsträger seine Einwilligung ausdrücklich auf den Eingriff durch eine bestimmte Person mit einer bestimmten Qualifikation beschränkt hat. Greift jetzt eine andere Person - ohne die entsprechende Qualifikation - ein, so kann sie sich nicht auf eine Einwilligung berufen. Der Gutsinhaber hat nämlich nicht nur die Befugnis, über das Ob eines Eingriffs zu entscheiden. Im Hinblick auf sein Selbstbestimmungsrecht steht es ihm auch frei, die Art und

15 BGHSt 16, 309 ff.; vgl. auch BGH JR 1988, 122.

16 Vgl. hierzu etwa LK/Hirsch, Vor § 223 Rdn. 1 und § 226 a Rdn. 18, sog. Gesamtbetrachtung.

17 LK/Hirsch, § 226 a Rdn. 43 ff. m.w.Nw.

18 Vgl. nur BGHSt 11, 111, 112; erstmals in RGSt 25, 375 ff. vertreten.

19 Für diese Auffassung spricht entscheidend die Gewährleistung des strafrechtlichen Schutzes des Selbstbestimmungsrechts des Patienten bereits de lege lata. Auf eine nähere Behandlung dieses Spezialproblems wird hier verzichtet.

Weise des Eingriffs und auch die Person des Eingreifenden festzulegen[20]. So leuchtet unmittelbar ein, daß etwa die an einen Freund herangetragene Bitte, den schwer erkrankten Hund einzuschläfern, für sonstige Dritte keine Eingriffsbefugnisse eröffnet. Ebenso wäre es dem Freund nicht gestattet, das Tier zu ertränken, statt es schmerzfrei einzuschläfern. Die Modalitäten des Eingriffs kann der Rechtsgutsträger also selbst bestimmen. Das gilt ebenso, wenn jemand - im Hinblick auf die von ihm angenommenen größeren Erfolgschancen - einen Eingriff nur von einer Person mit einer bestimmten Qualifikation (etwa einem Arzt) durchführen lassen will, der Eingriff aber von einem Nichtqualifizierten (etwa einem Famulus) vorgenommen wird. Dem Eingreifenden wurde keine Einwilligung erteilt[21].

Zu fordern ist allerdings - wie in den aufgeführten Beispielen stets der Fall -, daß die Beschränkung der Einwilligung durch den Dispositionsbefugten im Zusammenhang mit der Gutsverwaltung steht. Ansonsten würden Interessen geschützt, die mit dem Schutzzweck des jeweiligen Tatbestandes nicht zu vereinbaren wären[22]. Wenn also beispielsweise ein Patient eine Operation nur deshalb von dem Arzt A durchführen lassen möchte, weil er dem Arzt B den zu erwartenden medizinischen Erfolg mißgönnt, so scheidet eine Strafbarkeit des dennoch operierenden B *wegen Körperverletzung* aus. § 223 StGB hat nicht die Aufgabe, den einzelnen vor der Beeinträchtigung solcher Affektionsinteressen zu schützen.

### *2. Auslegung der Einwilligungserklärung bei fehlender Konkretisierung des Dispositionsbefugten*

Was gilt aber, wenn der Dispositionsbefugte selbst lediglich seine Zustimmung zu einem bestimmten Eingriff erklärt hat, ohne diese Zustim-

20 Vgl. auch Schmidhäuser AT, 8/138 ff., 139; ebenso LK/Hirsch, Vor § 32 Rdn. 108; Maurach/Zipf AT 1, § 17 Rdn. 56; verkannt von Roxin, Noll-GS, S. 288 f., der einem Irrtum über die Person des Eingreifenden jegliche Bedeutung abspricht.

21 Das gilt natürlich erst recht, wenn der Nichtqualifizierte Folgen hervorruft, mit denen bei einem Qualifizierten nicht zu rechnen ist, vgl. nur Jakobs AT (2. Auflage), 7/117.

22 Diesen Sachzusammenhang berücksichtigen nicht hinreichend Schmidhäuser AT, 8/139; Maurach/Zipf AT 1, § 17 Rdn. 56.

mung ausdrücklich auf eine Person mit einer bestimmten Qualifikation zu beschränken? In diesen Fällen bedarf die Einwilligung der Auslegung. Handelt es sich um Maßnahmen, die üblicher- und berechtigterweise vom ärztlichen Hilfspersonal vorgenommen werden, so kann mangels entgegenstehender Anhaltspunkte von einer Einwilligung auch dann ausgegangen werden, wenn die Patienten meinen, von Ärzten behandelt zu werden[23]. Das Interesse der Patienten bezieht sich nämlich in erster Linie auf die Behandlung, mithin den Eingriff als solchen. Ihre Fehlvorstellung hat insoweit auf das Erteilen der Einwilligung keinen Einfluß. Handelt es sich dagegen um eine grundsätzlich dem Arzt vorbehaltene Maßnahme, so ist die Einwilligungserklärung des Patienten dahingehend zu konkretisieren, daß auch nur ein Arzt den Eingriff durchzuführen soll berechtigt sein[24]. Auf Minderqualifizierte bezieht sich die Einwilligung in diesen Fällen also nicht[25].

### *IV. Haftungsbefreiung trotz Fehlen einer Einwilligung*

#### *1. Vorsatzausschluß bei irriger Annahme einer Einwilligung*

Bisher wurde erarbeitet, unter welchen Voraussetzungen eine Fehlvorstellung des Gutsträgers dazu führt, daß überhaupt keine Einwilligung vorliegt. Dabei konnte offenbleiben, worauf die Fehlvorstellung beruht, ob sie also durch den Eingreifenden oder einen Dritten gezielt hervorgerufen wurde oder auf eine eigene Fehlvorstellung des Betroffenen zurückzuführen ist.

Bedeutsam und klärungsbedürftig ist dies aber, soweit eine Haftungsbefreiung des Täters trotz Fehlen einer Einwilligung in Rede steht. Hat nämlich der Eingreifende die Fehlvorstellung des Dispositionsbefugten nicht selbst hervorgerufen, fehlt ihm regelmäßig eine entsprechende Irr-

23 Vgl. in diesem Sinne auch Sch-Sch/Eser, § 223 Rdn. 39 und im Ergebnis ebenso BGHSt 19, 309, 313; BGH JR 1988, 122.

24 Vgl. Sch-Sch/Eser, § 223 Rdn. 39; BGHSt 19, 309, 313; BGH JR 1988, 122.

25 Daß der Nichtqualifizierte das gleiche Ergebnis erzielt hat wie ein Qualifizierter, ist als bloße Hypothese irrelevant, vgl. Jakobs AT (2. Auflage), 7/117; da in Bezug auf die eingreifende Person überhaupt keine Einwilligung vorliegt, bedarf es der von Jakobs AT (2. Auflage), 7/117 vorgeschlagenen Konstruktion der mittelbaren Täterschaft nicht.

tumskenntnis. Dies beruht darauf, daß der Dritte gewöhnlich in fremde Güter nur dann eingreift, wenn der Gutsinhaber ihn dazu auffordert. Der Gutsinhaber kann aber äußerlich etwas anderes erklären als er innerlich will; es liegt dann zwar wegen des fehlenden Willens keine Einwilligung vor, der Eingreifende nimmt dies aber wegen der Erklärung irrig an. Wie sich ein solcher Irrtum auswirkt, hängt von der dogmatischen Einordnung der Einwilligung ab. Sieht man das Fehlen einer Einwilligung - wie nach der hier vertretenen Meinung - als negativ gefaßtes Tatbestandsmerkmal an, so führt die irrige Vorstellung des Vorliegens einer Einwilligung zum Tatbestandsirrtum i.S.d. § 16 StGB und damit zum Vorsatzausschluß. Behandelt man dagegen die Einwilligung generell als Rechtfertigungsgrund, liegt ein sog. Erlaubnistatbestandsirrtum vor, der aber nach der herrschenden eingeschränkten Schuldtheorie ebenfalls - zumindest analog § 16 StGB - den Vorsatz des Täters ausschließt[26]. Regelmäßig ist dieser Irrtum auch unvermeidbar, so daß eine Fahrlässigkeitshaftung - falls eine entsprechende Strafbarkeit überhaupt besteht - gleichfalls ausgeschlossen ist. Dem Vertrauensschutz des Eingreifenden wird also durch die Anwendung der allgemeinen Irrtumsregeln Rechnung getragen.

### 2. *Problematik einer Haftungsbefreiung trotz Kenntnis bzw. Erkennbarkeit des Fehlens einer Einwilligung*

Bewährt sich dies aber auch, wenn der Eingreifende trotz der anderslautenden Erklärung des Dispositionsbefugten weiß bzw. wissen könnte, daß die Verletzung des Guts nicht seinem wahren Willen entspricht? Soweit die Kenntnis darauf beruht, daß der Eingreifende die Fehlvorstellung bei dem Dispositionsbefugten durch eine rechtsgutsbezogene Täuschung hervorgerufen hat, ist die Haftung des Eingreifenden zu Recht unbestritten[27]. Die Täuschungshandlung und die daraus folgende Verantwortlichkeit für das Fehlen einer Einwilligung läßt eine Haftungslimitierung nicht zu. Denkbar allerdings ist eine solche Kenntnis bzw. Erkennbarkeit auch bei einem rechtsgutsbezogenen Irrtum des Gutsinhabers, ohne durch Fremdeinwirkung oder durch einen vom Eingreifenden verschiedenen Dritten hervorgerufen zu sein. In der Literatur wird in diesen

26 Vgl. nur Sch-Sch/Cramer, § 16 Rdn. 16 ff. m.w.Nw.
27 Vgl. statt aller Sch-Sch/Lenckner, Vor § 32 Rdn. 47.

Fällen ebenfalls die Haftung des Eingreifenden wegen vorsätzlicher oder fahrlässiger Deliktsverwirklichung nahezu allgemein bejaht. Streitig allerdings ist ihre dogmatische Konstruktion: Überwiegend wird die Einwilligung bei einem rechtsgutsbezogenen Irrtum als unwirksam angesehen und eine Schutzbedürfigkeit des Eingreifenden bei Kenntnis bzw. Erkennbarkeit des Irrtums geleugnet[28]. Demgegenüber betrachten andere die Einwilligung wegen der Erklärung zwar als wirksam, bejahen aber gleichwohl bei Kenntnis bzw. Erkennbarkeit des wahren Willens des Dispositionsbefugten eine Haftung des Eingreifenden, weil es rechtsmißbräuchlich sei, sich in diesen Fällen auf die Erklärung zu berufen[29].

Die vorgeschlagenen Lösungen kranken insgesamt an einer sehr starken Verallgemeinerung. Eine überzeugende Problemlösung kann hingegen nur gelingen, wenn wie folgt unterschieden wird:

*a) Kongruenz von Wille und Erklärung infolge Auslegung*

Ebenso wie in den Fällen des Irrtums über die Qualifikation des Eingreifenden ist auch hier die Einwilligung auslegungsbedürftig. Häufig wird die Erklärung des Gutsinhabers verbal mit seinem inneren Willen nicht übereinstimmen. Fälschlich wäre es aber - wie insbesondere im Zivilrecht herausgearbeitet wurde - bei einer Erklärung an ihrem buchstäblichen Sinne zu haften. Eine Erklärung ist vielmehr in ihrem jeweiligen Kontext auszulegen (vgl. § 157 BGB). Wenn man beispielsweise in Belgien einen Kaufvertrag abschließt und den Kaufpreis in Francs festlegt, kommt dem eine andere Bedeutung zu, als wenn in Frankreich der Kaufpreis in Francs festgelegt wird, obwohl es in beiden Fällen um das Wort "Francs" geht. Dies läßt sich ohne weiteres auf die strafrechtliche Einwilligungsproblematik übertragen. Angenommen, A nimmt an einem Anfängerkursus für Boxen teil. Ein Teil des Trainingsprogramms sieht vor, das "Wegstecken" von leichten Schlägen zu üben. A bittet den B daher, ihm einen Schlag zu versetzen. B schlägt derart kräftig zu, daß A mit einem ausgerenkten Kinn zu Boden geht. Der Grund für den unangemessen harten Schlag liegt darin, daß B bereits eine komplette Boxausbildung absolviert hat und für einen ausgebildeten Boxer der Schlag aller-

28 Vgl. Meyer, S. 168 f. m.w.Nw.

29 So insbesondere Zipf, Einwilligung, S. 62; Kühne, JZ 1979, 244 f.; wohl auch Arzt, Willensmängel, S. 49.

dings in der Tat als leicht angesehen werden muß, während er aus der Sicht eines Anfängers als schwer zu beurteilen ist. Hier fallen wahrer Wille des A und Erklärung überhaupt nicht auseinander. Im sozialen Kontext bezog sich A's Einwilligung auch nach der Erklärung auf einen leichten Schlag nach dem Maßstab eines Anfängers. Derartige Fallkonstellationen sind unproblematisch. Das Fehlen einer Einwilligung ist allgemein erkennbar, so daß zumindest eine Fahrlässigkeitshaftung des Eingreifenden in Betracht kommt, sofern die fahrlässige Begehung strafbar ist. Bei Kenntnis wird wegen Vorsatzdeliktes gehaftet.

*b) Keine Haftung trotz Kenntnis bzw. Erkennbarkeit des Fehlens einer Einwilligung aufgrund eigener Organisationszuständigkeit des Eingriffsopfers*

Unwägbarkeiten treten erst auf, wenn bei objektiver Betrachtung und entsprechender Auslegung von einer Einwilligung auszugehen ist, der Gutsinhaber aber tatsächlich die Gutsverletzung nicht wollte und der Eingreifende dies nur aufgrund eines Sonderwissens weiß bzw. wissen konnte.

Hier liegt zwar zunächst eine Einwilligung in die Verletzung des Gutes mangels entsprechenden Willens des Gutsinhabers nicht vor. Der tatbestandsmäßig vorausgesetzte Erfolg ist daher eingetreten; hierfür ist der Eingreifende auch kausal geworden. Wenn die ganz herrschende Meinung[30] aber bereits aus diesem Grunde eine Bestrafung des Eingreifenden bejaht, berücksichtigt sie nicht hinreichend, daß bloße Kausalität lediglich eine notwendige, nicht auch hinreichende Bedingung für die Haftung darstellt. Zu prüfen ist weiterhin, ob dem Eingreifenden der tatbestandsmäßige Erfolg auch *objektiv zurechenbar* ist. Bedeutung erlangte dies zunächst oben bei der Festlegung des Einwilligungsgegenstands und der damit zusammenhängenden Frage der Anwendbarkeit der Einwilligung im Rahmen der Fahrlässigkeitsdelikte. Unabhängig von einem

30 Anders lediglich Jakobs AT, 7/115/110, der eine - weitere - Limitierung über den Vertrauensgrundsatz vorschlägt. Das Problem des Vertrauensgrundsatzes tritt jedoch überhaupt nicht auf, wenn bereits die Zuständigkeit des Eingreifenden entfällt. Darauf weist Jakobs selbst zutreffend an anderer Stelle hin, vgl. Jakobs, Kaufmann-GS, S. 285 Fn. 30; für die h.M. vgl. nur Sch-Sch/Lenckner, Vor § 32 Rdn. 50; LK/Hirsch, Vor § 32 Rdn. 119.

entsprechenden Willen des Eingriffsopfers ergab sich dessen eigene Verantwortung bereits aus einem bestimmten Verhalten, scil. dem Eingehen eines bestimmten sozialen Kontakts. Dieser Gedanke gewinnt auch im vorliegenden Zusammenhang an Gewicht. Stimmt nämlich - objektiv betrachtet - das Opfer dem Eingriff zu, kann die Tatbestandsverwirklichung als der Organisationssphäre des Opfers zugehörig beschrieben werden; umgekehrt folgt daraus für den Eingreifenden, daß der von ihm aktuell ins Werk gesetzte Kausalverlauf dem eigenen Organisationsbereich fernbleibt und ihm deshalb nicht objektiv zugerechnet werden kann[31]. Das sei am folgenden Beispiel erläutert. Angenommen, A und B sind Nachbarn. A züchtet leidenschaftlich gern Blumen. Er bittet eines Tages den B, die Pflanzen mit einem Insektenvernichtungsmittel zu besprühen; er selbst habe sich das Bein gebrochen. Die Mischung habe er bereits vorher zusammengestellt und in eine Sprühflasche gefüllt. B erklärt sich dazu bereit, erkennt aber aufgrund seiner - dem A nicht bekannten - Ausbildung als Gartenbauingeneur, daß die Mischung derart konzentriert ist, daß die Blumen eingehen würden. Gleichwohl kommt B dem Wunsch des A nach, da er dies als willkommene Möglichkeit ansieht, dem exaltierten A eins auszuwischen. Eine Haftungsbefreiung des B (§ 303 StGB) kommt hier zwar nicht im Hinblick auf eine Einwilligung in Betracht, da A die Zerstörung der Blumen gerade nicht wollte. A hat sich aber eines Dritten, des B, bedient, um seine Zwecke vorzunehmen. B fungierte lediglich als verlängerter Arm des Gutsinhabers A. Bei normativer Betrachtung des Geschehens ist die Zerstörung der Pflanzen der Organisationssphäre des A verhaftet, was wiederum den B entlastet. Dagegen ist die bloße Kenntnis des Eingreifenden von dem Willensmangel ein psychisches Faktum und damit als naturalistisches Kriterium ungeeignet, die strafrechtliche Verantwortlichkeit zu begründen[32]. Im Hinblick auf die eigene Organisationszuständigkeit des Gutsinhabers ist es daher berechtigt, ihm auch die Folgen des eigenen Fehlverhaltens aufzuerlegen. Dies folgt letztlich aus dem Selbstverantwortungsprinzip, dem

31 Einzelheiten zur Haftung qua Organisationszuständigkeit bei Jakobs AT, 7/56 ff.
32 Vgl. Jakobs AT, 21/78; ders., Kaufmann-GS, S. 284 Fn. 27.

eine Entlastung des Eingreifenden korrespondiert[33]. In Unglücksfällen bleibt stets eine Haftung gem. § 323 c StGB möglich[34].

*c) Verpflichtung von Garanten zum Gebrauch von Sonderfähigkeiten*

Die bisherigen Fälle waren sämtlich dadurch gekennzeichnet, daß zwischen dem Eingreifenden und dem Dispositionsbefugten keine besondere Beziehung bestand. Welche Beurteilung ist aber vorzunehmen, sobald Personen involviert sind, die unabhängig von einer bestimmten Handlung Garantenpflichten dahingehend treffen, daß das betreffende Gut überhaupt unversehrt bleibt? Diese Garanten unterliegen der besonderen Verpflichtung, auch Sonderfähigkeiten einzusetzen; ihnen bleibt daher untersagt, sich auf die Organisationszuständigkeit des Opfers zu berufen. Wenn beispielsweise A seine Ehefrau B darum bittet, ihn mit einer Sonnenmilch einzucremen und B erkennt, daß A die Creme nicht verträgt, haftet sie wegen Köperverletzung, obwohl sie "lediglich" die Anweisungen des A befolgt hat. Solche Beziehungen werden also nicht allein negativ durch ein Nicht-Verletzen angemessen erfaßt, sondern erhalten ihr Gepräge positiv durch einen Status des Täters im Verhältnis zum Gut[35]. Die Zuständigkeit des Täters wird in derartigen Fällen durch den Status und nicht durch den Organisationskreis bestimmt[36].

*3. Zusammenfassung*

Obwohl wegen eines rechtsgutsbezogenen Irrtums eine Einwilligung fehlt, kann aus anderen Gründen eine Haftungsbefreiung des Täters eintreten. Praktisch wird meist eine Strafbarkeit bei einer erklärten, aber wegen Erklärungsirrtums oder Mentalreservation nicht gewollten Einwilligung an mangelnder Kenntnis (Vorsatz) bzw. Erkennbarkeit (Fahrlässigkeit) des Fehlens der Einwilligung scheitern. Liegt Kenntnis bzw. Er-

33 Ebenfalls mit dem Verantwortungsprinzip argumentierend, aber zu sehr psychologisierend Arzt, Willensmängel, S. 48 ff.; zum Selbstverantwortungsprinzip umfassend Schumann, S. 1 und passim.

34 Jakobs AT, 7/62 f.,67 f.

35 Jakobs AT, 7/70.

36 Wann im einzelnen solche Konstellationen anzunehmen sind, ist im Rahmen dieser Arbeit nicht zu erörtern. Eine Problemlösung findet sich bei Jakobs AT, 7/70, 29/57 ff.; vgl. zu den sog. Pflichtdelikten auch Roxin, TuT, S. 352 ff.

kennbarkeit vor, entfällt gleichwohl eine Haftung des Eingreifenden wegen vorrangiger Zuständigkeit des Dispositionsbefugten, wenn dieser durch seine Erklärung das Verhalten des Eingreifenden in seinen eigenen Organisationsbereich hineingenommen hat.

## C. Die Behandlung von sonstigen Willensmängeln

### *I. Ausgangspunkt und Meinungsstand*

Häufig wird die Erklärung einer Einwilligung von Willensmängeln beeinflußt sein, die im Unterschied zu den oben behandelten rechtsgutsbezogenen Irrtümern auf das Vorliegen einer Einwilligung als solche keinen Einfluß haben, weil die eingetretene Rechtsgutseinbuße gewollt war. Zur Illustration mögen folgende Beispiele dienen, die die Bandbreite solcher Willensmängel aufzeigen sollen. Eine Frau unterzieht sich einer Schönheitsoperation in der irrigen Erwartung, dadurch würden sich ihre Heiratschancen erhöhen[37]. Ein Konzentrationslagerhäftling willigt in seine Entmannung ein, weil ihm die Anstaltsleitung damit droht, ansonsten die Konzentrationslagerhaft aufrechtzuerhalten[38]. Jemand bittet, für eine bestimmte Geldsumme einen Baum im Garten des Nachbarn fällen zu dürfen, verweigert dann aber höhnisch die Gegenleistung[39]. In all diesen Fällen liegt zumindest eine Einwilligung vor, da sich der Rechtsgutsträger völlig darüber im klaren ist, was er aufgibt und dies gerade - wenn auch im Hinblick auf die Erreichung anderer Zwecke - will. Wie wirken sich aber die gleichwohl vorliegenden Irrtümer, Drohungen und Täuschungen aus; führen sie zur Haftung desjenigen, der die Gutsverletzung vornimmt?

Solange sich das Verhalten des Eingreifenden darin erschöpft, dem Wunsch des Gutsinhabers gemäß zu verfahren, scheidet eine Strafbarkeit a priori aus. Dies folgt aus der eigenen Organisationszuständigkeit des Dispositionsbefugten, der durch die Erklärung der Einwilligung den Eingreifenden in seinen eigenen Organisationsbereich hineinnimmt. Da dies - wie oben ausgeführt - sogar dann gilt, wenn (nur) objektiv aufgrund ei-

37 Vgl. Bloy ZStW 96, 717 in Anlehnung an Schmidhäuser AT, 8/137.
38 BGHSt 4, 114, 118.
39 Beispiel von Roxin, Noll-GS, S. 282.

ner dahingehenden Erklärung von einer Einwilligung auszugehen ist, obwohl der Gutsinhaber innerlich die Verletzung keinesfalls will, wird der Eingreifende erst recht entlastet, wenn die objektive Erklärung und der innere Wille des Gutsinhabers übereinstimmen.

Probleme treten aber auf, wenn der Eingreifende darüberhinaus das Erteilen der Einwilligung durch Drohung oder Täuschung beeinflußt hat. Hierin liegt die eigentliche Schwierigkeit der rechtlichen Behandlung von Willensmängeln bei der Einwilligung. Soll jede - sei es noch so geringfügige - Drohung bzw. jede Art von Täuschung haftungsbegründend sein[40] ? Falls man dies als zu weitgehend ansieht, stellt sich das weitere Problem, wie unbeachtliche Drohungen und Täuschungen von beachtlichen abzugrenzen sind. Z.T. wird bezüglich der Drohung ein empfindliches Übel i.S.d. § 240 StGB verlangt[41], *Rudolphi*[42] stellt hingegen darauf ab, ob eine Notsituation i.S.d. § 35 StGB vorliegt. Eine Täuschung wird im Anschluß an *Arzt*[43] häufig nur dann als haftungsbegründend angesehen, wenn sie zu einer Fehlvorstellung des Dispositionsbefugten über das Ob und das Maß des Eingriffs in das Gut (sog. rechtsgutsbezogene Täuschung) führt[44]. *Roxin*[45] will innerhalb der Täuschungen danach differenzieren, ob die Rechtsgutspreisgabe trotz der Täuschung als Ausdruck der Selbstbestimmung und freien Verfügungsgewalt des Rechtsgutsträgers angesehen werden darf und bejaht von daher auch bei bestimmten nicht rechtsgutsbezogenen Täuschungen eine Haftung des Täuschenden.

Diese Meinungsfülle verstellt vielfach den Blick auf eine vergleichbare Problematik, bei der ebenso die Frage der Beachtlichkeit von Willensmängeln erheblich ist: Unter welcher Voraussetzung führt die auf einer Täuschung oder Drohung beruhende Selbstverletzung bzw. Selbstschädi-

40 So ein Teil der Lehre, vgl. Geerds, GA 1954, 268; ders., ZStW 72, 44; Welzel, S. 95; Stratenwerth AT, Rdn. 382; für die Beachtlichkeit jeder Täuschung LK/Hirsch, Vor § 32 Rdn. 119, Dreher/Tröndle, Vor § 32 Rdn. 3 b.

41 Vgl. Arzt, Willensmängel, S. 31 ff.; LK/Hirsch, Vor § 32 Rdn. 120; Sch-Sch/Lenckner, Vor § 32 Rdn. 48; SK/Samson, Vor § 32 Rdn. 43; vgl. auch OLG Hamm NJW 1987, 1034, 1035.

42 ZStW 86, 83 f.

43 Willensmängel, S. 19 ff, S. 22 ff.

44 Vgl. nur Sch-Sch/Lenckner, Vor § 32 Rdn. 46 m.w.Nw.; ebenso Pfeffer, S. 83, 87.

45 Noll-GS, S. 284.

gung zur mittelbaren Täterschaft des Täuschenden oder Drohenden? Daß beide Problemkreise untrennbar miteinander verknüpft sind und daher einer einheitlichen Lösung bedürfen, soll hier zunächst aufgezeigt werden.

### *II. Gleichwertigkeit der Beteiligung an einer Selbstverletzung und der Verletzung eines Einwilligenden*

#### *1. Einwilligung in eine Fremdverletzung und Selbstverletzung als unterschiedliche Ausdrucksformen des Selbstbestimmungsrechts*

Daß der Einwilligung in die Verletzung eines disponiblen Gutes in der Rechtsordnung der Bundesrepublik Deutschland überhaupt strafrechtliche Erheblichkeit zukommt, hängt mit der Organisation einer bürgerlich-liberalen Gesellschaft zusammen. Zentrale Bedeutung gewinnt das Recht des einzelnen, selbst zu entscheiden, wie er mit den ihm rechtlich zugewiesenen Gütern und Freiheiten umgeht. Ausdruck dieses Selbstbestimmungsrechts des Individuums ist aber auch die Berechtigung, anderen Personen die Verletzung bzw. Zerstörung oder Aneignung der eigenen Güter zu gestatten. Ebenso ist es ihm unbenommen, die Gutsverletzung mit eigener Hand herbeizuführen. Wer beispielsweise im Auftrag des Eigentümers dessen Sache zerstört, ist nichts weiter als der verlängerte Arm des Eigentümers[46]. Entsprechendes gilt, wenn jemand dem Dispositionsbefugten bei der Verletzung eines Guts behilflich ist oder ihn gar zur Verletzung bestimmt. Die Beteiligung an einer Selbstverletzung ist ebenso das In-Dienst-Stellen einer fremden Kraft wie die Fremdverletzung auf Wunsch des Gutsinhabers[47]. In beiden Fällen realisiert sich die Handlungsfreiheit des Rechtsgutsträgers. Selbstbestimmung ist aber ohne Selbstverantwortung nicht denkbar. Liegt eine Einwilligung oder eine Selbstverletzung vor, kommt eine Haftung derjenigen, die sich an der Verletzung beteiligen, wegen der vorrangigen Zuständigkeit des Eingriffsopfers nicht in Betracht. Hierin liegt auch der tiefere Grund für die Straflosigkeit der Beteiligung an einer Selbstverletzung[48]. Es macht da-

46 Vgl. Hirsch, ZStW 74, 104 Fn. 101.

47 Vgl. insbesondere Meyer, S. 149; ebenso Herzberg, S. 37 f.; Schlehofer, S. 74; Jakobs AT, 7/120; Kußmann, S. 130; so auch schon Keßler, S. 69; weitere Nachweise des älteren Schrifttums bei Meyer, S. 139 f.

48 Vgl. dazu bereits oben,1. Teil, E. II; zum Prinzip der Selbstverantwortung vgl. auch Neumann, JA 1987, 248 f.

her rechtlich gesehen keinen Unterschied, wenn etwa A dem B eine Pistole besorgt, mit der B seinen schwer erkrankten Hund erschießt oder wenn A selbst auf Wunsch des B dem Hund den Gnadenschuß gibt[49]. Wegen der Eigenverantwortlichkeit des Dispositionsbefugten kommt eine Haftung des Eingreifenden (bei einer einverständlichen Fremdverletzung) ebenso wie eine Haftung des an einer Selbstverletzung Beteiligten nur in Betracht, wenn Gründe vorliegen, die die Erstreckung des Verantwortungsbereichs des Eingreifenden bzw. Beteiligten auf die Person des Dispositionsbefugten rechtfertigen. Diese Gründe müssen daher einheitlich sowohl für die Beteiligung an einer Selbstverletzung als auch für die Erteilung einer Einwilligung zu einer Fremdverletzung, die man auch als mittelbare Selbstverletzung bezeichnen könnte, bestimmt werden. Angenommen[50], ein Ehemann "überredet" seine Frau zu einer Kurzhaarfrisur, indem er ihr androht, ihr untreu zu werden, wenn sie sich seinem Wunsch widersetze. Ob der Ehemann E wegen Köperverletzung strafbar ist oder nicht, kann nicht verschieden beurteilt werden, je nachdem, ob die Ehefrau selbst das Haareschneiden besorgt oder ob sie den Ehemann bittet, zur Schere zu greifen, damit die ungeliebte Kurzhaarfrisur wenigstens einigermaßen ansehnlich gerate[51]. Entscheidend kann nur sein, ob E infolge der von ihm ausgesprochenen Drohung eine vorrangige Verantwortlichkeit zukommt, die der Eigenverantwortlichkeit der Ehefrau vorgeht. Entsprechendes gilt bei einer Täuschung, so etwa, wenn A dem B vortäuscht, das von diesem erworbene (echte) Bild sei eine Fälschung. Für die Frage einer möglichen Haftung des A wegen Sachbeschädigung ist es unerheblich, ob B das Bild aus Wut selbst zerstört oder aber den A um die Zerstörung bittet[52].

49 Auch Arzt, Willensmängel, S. 34 plädiert für eine Harmonisierung, indem er verlangt, daß die in der Einwilligung zur Fremdschädigung liegende mittelbare Selbstschädigung nicht anders als die unmittelbare Selbstschädigung behandelt werden sollte.

50 Beispiel von Herzberg, S. 35, 37; vgl. dazu auch Schlehofer, S. 73 und Roxin, TuT, S. 633.

51 Herzberg, S. 38; ihm folgend Schlehofer, S. 74.

52 Auch Arzt, Willensmängel, S. 34 Fn. 48 bezeichnet es als ungereimt, bei einer Täuschung danach zu differenzieren, ob der Gutsinhaber seine Sache selbst zerstört oder zerstören läßt.

### 2. *Einwände gegen die Harmonisierung der Haftungsvoraussetzungen*

#### *a) Normativer Einwand aus der Existenz der §§ 216, 226 a StGB*

Gegen eine Harmonisierung der Haftungsvoraussetzungen bei Selbstverletzung und einverständlicher Fremdverletzung wird angeführt, das Gesetz habe in den §§ 216, 226 a StGB einen generellen Wertungsunterschied zwischen beiden Verletzungsmodalitäten zum Ausdruck gebracht[53].

Wie aber bereits erarbeitet wurde, stellen die §§ 216, 226 a StGB lediglich Ausnahmevorschriften dar, die in allgemeinen Wertüberzeugungen der Gesellschaft begründet sind. Soweit diese Ausnahmen nicht greifen, ist der einzelne vollständig verfügungsbefugt. Ein generelles Verbot der Gleichbehandlung von Beteiligung an einer Selbstverletzung und einverständlicher Fremdverletzung wird daher durch die positivrechtlichen Einwilligungsgrenzen nicht statuiert[54].

#### *b) Faktischer Einwand aufgrund unterschiedlicher Beherrschungsmöglichkeiten bei Fremd- und Selbstverletzung*

*Roxin* begündet seine unterschiedliche Behandlung von Selbst- und Fremdverletzung mit rein faktischen Gegebenheiten. Der Einwilligende verdiene gegenüber dem sich selbst Verletzenden einen größeren Schutz, da er nach Erteilung der Einwilligung im Gegensatz zu dem sich selbst Schädigenden keinen Einfluß mehr auf den weiteren Tatverlauf habe[55].

Dies ist jedoch aus zwei Gründen nicht tragfähig: Zum einen wird verkannt, daß auch der Einwilligende - je nach Sachlage - Einfluß auf den weiteren Tatverlauf nehmen und die Verletzungshandlung verhindern kann. Ihm steht nämlich jederzeit der Widerruf seiner Einwilligung zu[56].

Zum anderen kann nicht gelingen, eine rechtliche Verantwortlichkeit mit bloßen Faktizitäten wie Herrschaft u.ä. zu begründen. Zwischen der Selbstverletzung und der Erteilung einer Einwilligung zu einer Fremdverletzung herrscht wertungsmäßig aber derselbe Grad von Verantwort-

53 Vgl. Geppert, ZStW 83, 963; Noll, S. 66 f.; Roxin, Gallas-FS, S. 250.

54 Ebenso Meyer, S. 141 f.; ihr folgend Kußmann, S. 131 f.

55 Roxin, TuT, S. 633 f.

56 So auch Kußmann, S. 133; ablehnend auch Schlehofer, S. 74; im Ergebnis auch Meyer, S. 142 f.; Brandts/Schlehofer, JZ 1987, 444.

lichkeit. Fraglich ist allerdings, wie die Harmonisierung im einzelnen erreicht werden kann. Hier ist zwischen den Tatmodalitäten der Drohung und Täuschung zu unterscheiden.

### *III. Haftungsvoraussetzungen bei einer auf Drohung beruhenden Selbstverletzung bzw. einverständlichen Fremdverletzung*

#### *1. Mittelbare Täterschaft bei Selbstverletzung als vorzugswürdiger Ansatzpunkt*

Anerkennt man, daß Beteiligung an einer Selbstverletzung einerseits und einverständliche Fremdverletzung andererseits einander entsprechen, so gibt es zwei verschiedene Wege, die Haftungsvoraussetzungen zu harmonisieren: Entweder bestimmt man von der Einwilligungslehre her die Voraussetzungen einer mittelbaren Täterschaft bei einer Selbstverletzung[57] oder man überträgt umgekehrt die zur mittelbaren Täterschaft erzielten Ergebnisse auf die Einwilligungsproblematik[58]. Da die Haftungsvoraussetzungen denknotwendig identisch sind, scheint es auf den ersten Blick sekundär, welchen Weg man beschreitet. Bei näherer Betrachtung erweist sich der zuletzt genannte Weg jedoch als wesentlich ertragreicher. Dies liegt zunächst darin begründet, daß für den Fall der mittelbaren Täterschaft in § 25 I 2. Alt. StGB eine Regelung vorhanden ist, durch die eine Problemlösung vorgezeichnet ist. Gangbarer wird der Weg aber vor allem, weil bei der mittelbaren Täterschaft der Kernpunkt, nämlich Abgrenzung der unterschiedlichen Verantwortungsbereiche nahegebracht wird. So kann die im Rahmen der Einwilligungslehre auftretende Einseitigkeit vermieden werden, daß nur die Interessen des (Einwilligungs-)opfers angemessen berücksichtigt werden, der Blick für dessen Eigenverantwortlichkeit jedoch verstellt bleibt. Im folgenden wird daher zunächst geprüft, unter welchen Voraussetzungen bei einer auf Drohung beruhenden Selbstverletzung eine mittelbare Täterschaft des Drohenden zu bejahen ist. Daraus folgt dann ohne weiteres, wie die auf einer Drohung beruhende Einwilligung zu behandeln ist.

57 So insbesondere Herzberg, S. 38.
58 So der Ansatzpunkt von Jakobs AT, 7/118.

## 2. *Verantwortungsprinzip als allgemeiner Maßstab zur Begründung mittelbarer Täterschaft bei Drohung*

Wann bei einer auf Drohung beruhenden Selbstverletzung mittelbare Täterschaft des Drohenden in Betracht kommt, setzt Klarheit über die Funktion der mittelbaren Täterschaft im Grundsätzlichen voraus. Es würde allerdings den Rahmen der vorliegenden Arbeit sprengen, wollte man den Streitstand zu diesem Fragenkomplex umfassend erörtern[59]. Verzichtet wird deshalb auf die Wiedergabe der regelmäßig gebetsmühlenartig erfolgende Ablehnung der vor allem von der Rechtsprechung vertretenen subjektiven Täterlehre[60], zumal auch bei der Rechtsprechung in neueren Entscheidungen[61] eine Annäherung an die hier favorisierte und in der Literatur ganz überwiegend vertretene Tatherrschaftslehre[62] zu verzeichnen ist.

Allzuviel ist damit allerdings noch nicht gewonnen. Auch wenn man nämlich die Tatherrschaftslehre grundsätzlich anerkennt, steht damit der Tatherrschaftsbegriff im Rahmen der mittelbaren Täterschaft i.S.d. § 25 I 2. Alt. StGB noch nicht fest. Muß der Hintermann den Vordermann rein faktisch in dem Sinne beherrschen, daß er ihn infolge der Drohung "in der Hand gehabt hat" oder ist der Tatherrschaftsbegriff durch das Verantwortungsprinzip zu normativieren? Im vorliegenden Zusammenhang interessiert unmittelbar nur die Frage der Haftungsvoraussetzungen bei einer auf Drohung beruhenden Selbstverletzung. Diese Problematik kann aber ohne Blick auf die Bestimmung der mittelbaren Täterschaft im Falle der auf einer Drohung beruhenden Nötigung eines anderen zur Begehung einer Straftat nicht überzeugend und widerspruchsfrei gelöst werden.

### a) *Relevanz des Verantwortungsprinzips bei einer Nötigung zu einer Straftat*

Bei der Nötigung eines anderen zur Begehung einer Straftat wird - exemplarisch - folgender Fall kontrovers diskutiert: Frau A bringt den leicht

59 Vgl. zu Einzelheiten die neueren Arbeiten von Bloy, S. 344 ff. und Stein, S. 188 ff., 283 ff.

60 Umfassende Kritik bei Jakobs AT, 21/27 ff.

61 Vgl. insbesondere den sog. Katzenkönigfall BGHSt 35, 347, 353:"Kriterium der vom Täterwillen getragenen objektiven Tatherrschaft".

62 Grundlegend Roxin, TuT, S. 1 ff.; LK/Roxin, § 25 Rdn. 26 ff. m.w.Nw.

beeinflußbaren und ihr hörigen Herrn B durch die Drohung, ihn sonst zu verlassen, dazu, seine Frau zu töten[63]. Legt man hier einen rein faktischen Tatherrschaftsbegriff[64] zugrunde, so kann man durchaus vertreten, A habe auf den B infolge der Drohung einen solchen Druck ausgeübt, daß sie ihn "in der Hand gehabt" hat. Tatherrschaft und damit mittelbare Täterschaft der A könnten also bejaht werden.

Diese einseitig auf psychische Fakten abstellende Betrachtungsweise läßt aber völlig außer acht, daß B seinerseits im Sinne des Strafrechts voll verantwortlich ist. Nur die strafrechtlichen Zurechnungskriterien liefern aber den relevanten Maßstab, mit dem objektiv und nachvollziehbar beurteilt werden kann, ob jemand als Werkzeug eines anderen benutzt wird. Demgegenüber müht sich vergebens, wer Herrschaft und Unfreiheit als psychische Fakten erkennen will. Ob der Vordermann der Drohung hätte widerstehen können oder ob er dem Drohenden werkzeuggleich ausgeliefert war, ist nämlich ebenso unentscheidbar wie die Frage der Willensfreiheit überhaupt[65]. Daher wird in der Literatur mittlerweile ganz überwiegend[66] auf das sog. Verantwortungsprinzip abgestellt, wonach die Frage des Vorliegens einer mittelbaren Täterschaft - zumindest bei einer Drohung - nicht von der faktischen Beherrschung des Vordermannes abhängt, sondern sich nach den durch das StGB vorgegebenen normativen Kriterien rechtlicher Verantwortlichkeit bestimmt. Nur so ist auch eine sinnvolle Abgrenzung zwischen mittelbarer Täterschaft und Anstiftung möglich. Eine voll verantwortliche Deliktsbegehung des Ausführenden schließt also eine mittelbare Täterschaft des Hintermannes aus[67]. In dem eingangs angeführten Beispielsfall kommt daher lediglich eine Anstiftung der A zum Totschlag bzw. Mord in Betracht.

Zu klären ist aber, wann konkret die Verantwortlichkeit des Vordermannes bei einer Drohung des Hintermannes und mittelbare Täterschaft des Drohenden zu bejahen ist.

63 Beispiel bei Herzberg, S. 12.

64 Vgl. insbesondere Schroeder, Der Täter hinter dem Täter, S. 120 ff.; ihm folgend Maurach/Gössel AT 2, § 48 Rdn. 86; i.E. ebenso Bockelmann AT$^3$, § 22 II 3 a), einschränkend aber neuerdings Bockelmann/Volk, § 22 II 3 a) und § 22 II 2 e).

65 Herzberg, S. 13.

66 Vgl. insbesondere Roxin, TuT, S. 144 ff.; Jakobs AT, 21/63; Bloy, S. 346; Stratenwerth AT, Rdn. 768 ff.; Jescheck, § 62 I 2; Sch-Sch/Cramer, § 25 Rdn. 35; Schumann, S. 75 f.; Timpe, JZ 1990, 97.

67 Vgl. statt aller Jakobs AT, 21/63.

*aa) Nötigungsnotstand des Bedrohten i.S.d. § 35 StGB*

Die Drohung des Hintermannes kann ein solches Ausmaß erreichen, daß bei dem Tatausführenden eine Notlage vorliegt, die ihn gem. § 35 StGB entschuldigt. Typisch ist etwa die Konstellation, die einer Entscheidung des RG[68] zugrundelag: A droht dem B, ihn umzubringen, falls dieser nicht den C tötet. Hier ist B bei normativem Blickwinkel als Werkzeug des A einzuschätzen, der für die mangelnde strafrechtliche Verantwortlichkeit des B zuständig ist.

Soweit in der Literatur auf das Verantwortungsprinzip abgestellt wird, beschränkt man die mittelbare Täterschaft bei einer Drohung des Hintermannes regelmäßig auf die Fälle des i.S.d. § 35 StGB schuldlos handelnden Werkzeugs[69]. Dies beruht auf der (unausgesprochenen) Prämisse, daß eine Drohung außerhalb des Anwendungsbereichs des § 35 StGB die strafrechtliche Verantwortlichkeit des Bedrohten nicht aufheben kann. Denkbar ist aber zumindest auch, daß eine Drohung zu einer Gefahr i.S.d. § 34 StGB führt, so daß die Verantwortung des Bedrohten bereits mangels einer rechtswidrigen Tat entfallen könnte.

*bb) Nötigungsnotstand i.S.d. § 34 StGB bzw. § 904 BGB*

Die Frage einer Rechtfertigung des Bedrohten nach § 34 StGB bzw. nach § 904 BGB stellt sich insbesondere dann, wenn sich die Drohung auf die Verletzung eines in § 35 StGB nicht aufgeführten Rechtsguts (z.B. Eigentum) des Bedrohten oder aber auf die Verletzung eines Gutes bezieht, das zwar in § 35 StGB genannt ist, jedoch nicht dem Bedrohten oder einer ihm nahestehenden Person zusteht, so daß eine Entschuldigung gem. § 35 StGB jedenfalls ausscheidet. Als Beispiel kann der Fall angeführt werden, daß A dem B die Zerstörung einer Sache befiehlt und dabei seine geladene Pistole auf das unbeteiligte Kind K gerichtet hält. Allen Beteiligten ist klar, daß A das Kind töten wird, wenn B die Sache nicht zerstört. B führt daher den Befehl des A aus. Geht man vom Wortlaut des § 34 StGB aus, so liegt eine gegenwärtige Gefahr für das Leben des K

68 RGSt 64, 30, 32.

69 Vgl. insbesondere Roxin, TuT, S. 144 ff.; Herzberg, S. 12 f.; Sch-Sch/Cramer, § 25 Rdn. 35; Jescheck, § 62 II 6; Schumann, S. 76; a.A. aber Jakobs AT, 21/88 ff. bei dem quasi-gerechtfertigten Werkzeug.

die nicht anders als durch die Sachbeschädigung abgewendet werden kann. Das geschützte Interesse (= Leben des K) überwiegt das beeinträchtigte (= die Sache des C) wesentlich. Das Verhalten des B wäre gem. § 34 StGB bzw. § 904 BGB gerechtfertigt und A wäre - weil für diese Situation aufgrund der Drohung verantwortlich - als mittelbarer Täter anzusehen.

*(1) Die Mindermeinung von Lenckner*

Insbesondere *Lenckner*[70] tritt für den Standpunkt ein, daß ein Nötigungsnotstand gem. § 34 StGB außerhalb des § 35 StGB nicht anzuerkennen sei. Nach seiner Meinung scheitert die Rechtfertigung des Bedrohten daran, daß er mit seinem Verhalten auf die Seite des Unrechts trete und deshalb ohne Billigung der Rechtsordnung handele[71]. *Lenckner* würde aber im Ergebnis gleichwohl die Strafbarkeit des B wegen Sachbeschädigung verneinen. Wenn - wie im Beispielsfall - der angedrohte Nachteil weder den Täter noch eine Sympathieperson trifft, zieht *Lenckner* die Anwendung des sog. übergesetzlich entschuldigenden Notstands in Betracht[72].

Er selbst stellt aber an anderer Stelle zutreffend fest, daß diese Rechtsfigur nur herangezogen werden darf, wenn eine Rechtfertigung nach § 34 StGB wegen der Unzulässigkeit einer quantitativen oder qualitativen Differenzierung der beteiligten Rechtsgüter ausscheidet und § 35 StGB nicht anwendbar ist, weil die Gefahr weder dem Täter noch einer nahestehenden Person droht[73]. Im Beispielsfall ist aber eine Differenzierung der beteiligten Rechtsgüter - im Unterschied zu den sog. Euthanasiefällen - zulässig, so daß auch *Lenckner* den übergesetzlich entschuldigenden Notstand konsequenterweise für unanwendbar halten müßte.

*(2) Keine Differenzierung nach der Quelle der Gefahr*

Neben dem aufgezeigten innersystematischen Widerspruch erscheint aber bereits die Ausgangsthese *Lenckners* zweifelhaft. Ob § 34 StGB

70 Sch-Sch/Lenckner, § 34 Rdn. 41 b; ihm folgend Schumann, S. 86; Wessels, § 10 VII 2; Blei AT, § 44 IV 5.

71 Sch-Sch/Lenckner, § 34 Rdn. 41 b; Wessels, § 10 VII 2.

72 So ausdrücklich Sch-Sch/Lenckner, § 34 Rdn. 41 b.

73 Sch-Sch/Lenckner, Vor § 32 Rdn. 117.

anwendbar ist, hängt bei ihm davon ab, was die Quelle der Gefahr ist; bei einem Nötigungsnotstand verneint er eine Rechtfertigung im Hinblick auf die ansonsten eintretende tiefe Erschütterung der Geltungskraft der Rechtsordnung. Damit wird *Lenckner* aber dem Grundgedanken, auf dem die Anerkennung des rechtfertigenden Notstands beruht, nicht gerecht. § 34 StGB bezweckt, hochwertige Rechtsgüter tunlichst, falls erforderlich auf Kosten geringwertiger, zu erhalten. Dies gilt unabhängig von der Art der Gefahrenquelle[74]. Daher hat auch der Bedrohte Anspruch auf Solidarität wie jeder andere, der für die Gefahr nicht verantwortlich ist[75]. Bestätigt wird dies auch dadurch, daß das Eingriffsopfer gem. § 323 c StGB sogar verpflichtet sein kann, zur Rettung des Bedrohten das Eingriffgut anzubieten. Dann muß sich das Werkzeug das Gut aber auch nehmen können[76].

Es ergibt sich also, daß eine Verantwortlichkeit des Genötigten auch bereits gem. § 34 StGB ausgeschlossen sein kann. Zu berücksichtigen ist allerdings, daß eine Drohung nicht per se zu einer Notstandslage i.S.d. § 34 StGB führt. Notstandsfähig ist ein durch die Drohung gefährdetes Interesse vielmehr nur dann, wenn es rechtlich garantiert und darüberhinaus absolut ausgestaltet ist[77]. Droht etwa der Geschäftsmann A seinem Konkurrenten B, diesen wegen eines - tatsächlich begangenen - Betruges anzuzeigen, falls B nicht die Fensterscheiben des C einwerfe, ist die daraufhin erfolgte Sachbeschädigung nicht durch § 34 StGB gerechtfertigt. Das Interesse, durch eine - berechtigte - Strafanzeige keinen Schaden zu erleiden, ist B rechtlich nicht garantiert.

### *(3) Präzisierung der von § 34 StGB geforderten Interessenabwägung*

Entscheidendes Gewicht kommt der in § 34 StGB geforderten Interessenabwägung zu. Wie sie zu erfolgen hat, ist dabei für den hier interessierenden Fall der Drohung noch zu präzisieren.

74 Vgl. Herzberg, Mittelbare Täterschaft, S. 32; Jakobs AT, 13/14; Meyer, S. 158; Schmidhäuser AT, 9/69.

75 Jakobs AT, 13/14; ebenso SK/Samson, § 34 Rdn. 8; differenzierend LK/Hirsch, § 34 Rdn. 69.

76 Jakobs AT, 13/14.

77 Vgl. Jakobs AT, 13/9; siehe zu weiteren Einzelheiten auch Timpe, S. 149 ff. im Zusammenhang mit der parallelen Problematik bei der Nötigung.

Die Nötigung eines anderen zur Begehung einer Straftat führt jedenfalls dann zur Rechtfertigung gem. § 34 StGB, wenn sich - wie in dem oben gebildeten Beispielsfall - beeinträchtigtes und geschütztes Interesse bereits qualitativ erheblich unterscheiden. Wenn bereits die Drohung mit der Tötung eines unbeteiligten Dritten den Eingriff in fremdes Eigentum rechtfertigt, so gilt dies erst recht, wenn dem Bedrohten selbst der Tod angedroht wird. Die in der Literatur regelmäßig zum entschuldigenden Notstand i.S.d. § 35 StGB angeführten Beispielsfälle werden daher bereits häufig von § 34 StGB erfaßt[78].

Unwägbarkeiten treten auf, wenn sich die Drohung auf die Zerstörung eines Sachguts des Bedrohten oder eines sonstigen Dritten bezieht und der Bedrohte hierdurch zur Zerstörung eines anderen Sachguts gezwungen wird. Hier fragt sich nämlich, ob bereits eine gewichtige Wertdifferenz zwischen den Sachgütern zur Rechtfertigung gem. § 34 StGB führt. Beispiel: A droht dem B, dessen Rasseschäferhund (Wert: 2.000,- DM) zu töten, wenn B nicht den Hund des C, eine Promenadenmischung im Wert von 50,- DM, mit seinem Auto überfährt. B tötet den Hund des C. Geldwertmäßig überwiegt hier zwar das geschützte Interesse das beeinträchtigte wesentlich. Beide Sachgüter dienen aber im gleichen Maße der persönlichen Lebensgestaltung von B und C; gegenüber dieser Gleichwertigkeit muß die Wertdifferenz zurücktreten. Eine Rechtfertigung des B und damit auch eine mittelbare Täterschaft des A scheiden aus. Insoweit besteht kein Unterschied zu dem bekannten Schulfall[79], daß bei einem Gewitterregen eine schutzlose, reich gekleidete Frau zum Erhalt ihrer Kleidung einer wertlos gekleideten Frau deren Schirm entwindet. Hier gilt der Grundsatz, daß eine gewichtige Werdifferenz zwischen Sachgütern gegenüber deren gleichgewichtigen symbolischen Gehalten zurücktritt[80]. Weitere Einzelheiten gehören zur Notstandslehre.

*cc) Ergebnis*

Ob bei einer Nötigung (Drohung) zu einer Straftat mittelbare Täterschaft vorliegt, richtet sich nach dem Verantwortungsprinzip. Solange der Bedrohte im Rechtssinne für seine Tat voll verantwortlich ist, scheidet eine

78 Siehe dazu auch Jakobs AT (2. Auflage), 21/89 Fn. 158, 21/97.
79 Vgl. Bockelmann AT[3] § 15 B II 5 c; Jakobs AT, 13/25.
80 Jakobs AT, 13/25.

mittelbare Täterschaft des Drohenden aus. Die Drohung kann aber zu einer Notsituation führen, die den Bedrohten gem. § 35 StGB entschuldigt. Der Nötigungsnotstand kann aber auch gem. § 34 StGB rechtfertigen und den Bedrohten bereits auf der Stufe der Rechtswidrigkeit von seiner Verantwortlichkeit befreien. In diesen Fällen benutzt der Drohende den Bedrohten als gerechtfertigtes bzw. entschuldigtes Werkzeug; mithin ist mittelbare Täterschaft anzunehmen.

*b) Übertragbarkeit des Verantwortungsprinzips auf die Problematik einer Nötigung zur Selbstverletzung*

Während das Verantwortungsprinzip im Zusammenhang mit der Nötigung zu einer Straftat mittlerweile ganz allgemein zur Begründung der mittelbaren Täterschaft herangezogen wird, erheben sich auf den ersten Blick bei einer Drohung zu einer Selbstverletzung Schwierigkeiten. Fest steht zwar, daß auch im Rahmen der Drohung zur Selbstverletzung die "Werkzeugqualität" des Opfers normativ bestimmt werden muß und nicht (allein) auf psychisch-faktische Gegebenheiten abgestellt werden kann. Der sich selbst Verletzende erfüllt aber per Definition keinen Tatbestand und ist daher immer von strafrechtlicher Verantwortung befreit; die oben als Maßstab herangezogenen Rechtfertigungs- und Entschuldigungsgründe können also bei einer Selbstverletzung zumindest nicht unmittelbar die Abgrenzung der Verantwortungsbereiche zwischen Drohendem und Bedrohtem leisten. Würde nunmehr aber jede Drohung als täterschaftsbegründend angesehen, bliebe die auch bei der Selbstverletzung bestehende Eigenverantwortlichkeit des Opfers völlig außer Betracht[81]. In welcher Weise dann aber das Verantwortungsprinzip bei der Drohung zu einer Selbstverletzung fruchtbar gemacht werden kann, ist noch nicht abschließend geklärt.

81 Vgl. zur Ablehnung der insoweit abwegigen Konzeption von Schilling, JZ 1979, 160, 166 f., der jede Mitwirkung an einer Selbsttötung und damit wohl generell an einer Selbstverletzung als mittelbare Täterschaft ansieht, umfassend Neumann, JuS 1985, 679; Bottke, GA 1983, 28.

*aa) These von der analogen Anwendbarkeit des § 35 StGB bei einer Selbstverletzung*

Insbesondere *Roxin*[82] hat angeregt, das Verantwortungsprinzip auf den Fall einer Drohung zur Selbstverletzung bzw. Selbstschädigung in der Weise zu übertragen, daß mittelbare Täterschaft nur zu bejahen sei, wenn der sich Schädigende in einer dem § 35 StGB entsprechenden Zwangslage handele. Zwar entsprächen sich die Nötigung zu einer Straftat und die Nötigung zu einer Selbstverletzung nicht völlig, weil bei der Begehung einer Straftat im Gegensatz zur Selbstverletzung die Furcht vor Strafe ein hemmendes Gegenmotiv bilde[83]. Wertungsmäßig sei dieser Unterschied aber nicht relevant, da vom Standpunkt des Opfers bei der Selbstverletzung bzw. Selbstschädigung infolge der Furcht vor der Beeinträchtigung eigener Interessen eine hemmende Wirkung von mindestens gleicher Stärke gegeben sei[84]. Nach dem Ansatz von *Roxin* ist daher mittelbare Täterschaft beispielsweise in einem vom OGH[85] entschiedenen Fall zu bejahen, wo KZ-Häftlinge mit den Mitteln des § 35 StGB zu stundenlangem Aufenthalt in eiskaltes Wasser getrieben wurden. Dagegen begründe eine "bloße" Drohung mit einem empfindlichen Übel i.S.d. § 240 StGB noch keine mittelbare Täterschaft des Drohenden. Die Haftung einer Frau, die eine andere durch die Drohung mit der Offenbarung eines Seitensprungs dazu veranlasse, sich die Haare abzuschneiden, komme also nicht in Betracht[86].

*bb) § 240 StGB als Maßstab für die erforderliche Intensität der Drohung in Anlehnung an die Einwilligungslehre*

Abweichend von *Roxin* will eine auf *Herzberg*[87] zurückgehende Lehre dem Verantwortungsprinzip bei der Drohung zu einer Selbstverletzung Geltung verschaffen. Hiernach sollen die maßgeblichen Kriterien zur Be-

82 TuT, S. 161 ff.; vgl. auch Sch-Sch/Cramer, § 25 Rdn. 10; SK/Samson, § 25 Rdn. 30.

83 LK/Roxin, § 25 Rdn. 52.

84 Roxin, TuT, S. 633; LK/Roxin, § 25 Rdn. 53.

85 OGHSt 2, 5, 7 f.

86 Roxin, TuT, S. 633 unter Anlehnung an ein von Herzberg, S. 35 gebildetes Beispiel.

87 S. 37 f.; ders., JA 1985, 336 ff.

stimmung der Eigenverantwortlichkeit des Bedrohten bei einer Selbstverletzung bzw. -schädigung der Einwilligungslehre zu entnehmen sein[88]. Dort sei "fast allgemein" anerkannt, daß eine Einwilligung bereits dann unwirksam sei, wenn sie durch eine Nötigung i.S.d. § 240 StGB erzwungen wurde. Liege die Drohung dagegen unterhalb der Schwelle des § 240 StGB, so übernehme der wirksam Einwilligende selbst die Verantwortung und entlaste damit den Eingreifenden von der Haftung für den angerichteten Schaden[89]. Diese von der Einwilligungslehre her rechtlich vorgegebenen Kriterien müßten nun, um Wertungswidersprüche zu vermeiden, auch bei der Bestimmung der Eigenverantwortlichkeit des sich auf eine Drohung hin selbst Verletzenden bzw. selbst Schädigenden herangezogen werden. Deshalb führt nach dieser Lehre die Nötigung eines anderen zur Selbstverletzung bereits immer dann zur mittelbaren Täterschaft des Drohenden, wenn der angewandte Druck zumindest die Schwelle des § 240 StGB erreicht.

*cc) Kritik*

Beide Lösungsmodelle stimmen in dem Ansatz überein, die Frage der mittelbaren Täterschaft bei einer Drohung zu einer Selbstverletzung nicht nach psychischen Fakten, sondern normativ nach den Kriterien rechtlicher Verantwortung zu bestimmen. Dem ist grundsätzlich zu folgen. In anderer Hinsicht unterliegen jedoch beide Ansichten gewichtigen Bedenken.

*(1) Der Verweis auf die Einwilligungslehre als Zirkelschluß*

Zutreffend geht zunächst *Herzberg* davon aus, daß die Frage des Vorliegens einer mittelbaren Täterschaft bei der Nötigung zu einer Selbstverletzung einerseits und die Problematik einer auf Drohung beruhenden Einwilligung andererseits entsprechend gelöst werden müssen; in beiden Fällen sei es geboten, den Verantwortungsbereich des Opfers von dem Verantwortungsbereich des Drohenden abzugrenzen. Soweit, so gut.

88 Herzberg, S. 38; ihm folgend Maurach/Gössel AT 2, § 48 Rdn. 93; Frisch, S. 166 f.; Lackner, Vor § 211 Anm. 3 b; SK/Horn, § 212 Rdn. 11 ff.; Brandts/Schlehofer, JZ 1987, 444.

89 Herzberg, S. 37 f.

*Herzbergs* Ansicht steht und fällt aber mit seiner Prämisse, bei der Einwilligung gebe es rechtlich feststehende Kriterien, die ohne weiteres auf den Komplex Selbstverletzung zu übertragen seien. Daß aber eine durch Nötigung i.S.d. § 240 StGB erzwungene Einwilligung unwirksam sei, wie *Herzberg* behauptet, stellt eine petitio principii dar, die mit dem bloßen Hinweis auf die "nahezu allgemeine Auffassung" nichts an Beweiskraft gewinnt. Die Berufung auf Autoritäten ersetzt keine Argumente, es sei denn, es handelt sich bei der Autorität um das Gesetz. Zur vorliegenden Problematik, ja zur Einwilligung überhaupt schweigt sich das Gesetz jedoch - abgesehen von § 226 a StGB – aus. Daher bewegt sich *Herzberg* argumentativ im Kreise, indem er die für die mittelbare Täterschaft bei einer Selbstverletzung erforderliche Intensität der Drohung nach der Einwilligungslehre bestimmt und eine Drohung i.S.d. § 240 StGB ausreichen läßt. Fraglich und zu belegen wäre nämlich gerade gewesen, ob bei der Einwilligung eine solche Drohung die Eigenverantwortlichkeit des Bedrohten auszuschließen geeignet ist. Der Vorschlag von *Herzberg* trägt daher zur Lösung des eigentlichen Problems nur wenig bei.

*(2) Die Unzulässigkeit der analogen Anwendung des § 35 StGB trotz richtigen Ansatzpunktes*

Der Ansatz *Roxins* - analoge Anwendung des § 35 StGB bei der Nötigung zu einer Selbstverletzung - genießt einen unbestreitbaren Vorzug: Die Abgrenzung der Verantwortungsbereiche zwischen Drohendem und Bedrohtem erfolgt nach Kriterien, die das geltende Recht selbst zur Bestimmung einer strafrechtlichen Verantwortung zur Verfügung stellt. Der richtige Weg, mit dem Verantwortungsprinzip ernst zu machen und mittelbare Täterschaft normativ zu bestimmen, nicht hingegen psychologisch nach der motivierenden Stärke der Drohung im Einzelfall, ist damit gewiesen.

Offen und klärungsbedürfig bleibt aber, ob der in § 35 StGB geregelte entschuldigende Notstand auch im Falle der Selbstverletzung die Gradmarke der Selbstverantwortung des Bedrohten festlegt; denn der Selbstverletzende verwirklicht kein tatbestandsmäßiges Unrecht, handelt also ohne rechtliche Schuld. Der *Roxinsche* Ansatz erweist sich daher nur dann als tragfähig, wenn die für jede Analogie zu fordernde vergleichbare Interessenlage zwischen geregeltem und nicht geregeltem Fall vorliegt. Die bei einem Nötigungsnotstand i.S.d. § 35 StGB eintretende Entschuldigung beruht darauf, daß der Täter unter dem Zwang des Selbsterhaltungstriebs in die Rechtsgüter Dritter eingreift[90]. Verletzt sich demgegenüber jemand aufgrund der Drohung selbst, ist kennzeichnend gerade, daß der Bedrohte den normalerweise bestehenden Selbsterhaltungstrieb überwindet[91]. Wenn beispielsweise jemand durch schwerste Quälereien in den Tod getrieben wird, kann demnach von einer Quasi-Entschuldigung i.S.d. § 35 StGB nicht gesprochen werden. Die Situation ist mit der Tötung eines anderen Menschen, um sein eigenes Leben zu erhalten, per Definition nicht zu vergleichen[92]. Eine vergleichbare Interessenlage liegt also nicht vor.

Der von *Roxin* vorgeschlagene Lösungsweg überzeugt daher im Ergebnis ebensowenig wie die *Herzbergsche* Konzeption.

*dd) Analoge Anwendung des von § 34 StGB erfaßten Nötigungsnotstandes auf die Fälle der Selbstverletzung*

Wie bereits erarbeitet wurde, kann eine Drohung nicht nur zur Entschuldigung, sondern auch zur Rechtfertigung des Bedrohten gem. § 34 StGB führen und insoweit mittelbare Täterschaft durch ein gerechtfertigt handelndes Werkzeug zu bejahen sein. Diesen gedanklichen Ausgangspunkt nimmt auch *Jakobs*[93] und zieht den Maßstab des § 34 StGB analog zur Bestimmung der Verantwortlichkeit des Bedrohten bei einer Selbstverletzung heran. Er bejaht infolgedessen mittelbare Täterschaft des Drohenden, wenn der Inhaber der Dispositionsbefugnis sich im Rahmen der Gewichtung des § 34 StGB hält (das Opfer als sog. quasi-gerechtfertigt handelndes Werkzeug). Auch *Jakobs* stellt also eine Parallele zu den Fällen her, in denen jemand mit Hilfe von Drohungen zur Begehung ei-

90 Vgl. Sch-Sch/Lenckner, § 35 Rdn. 2; Stratenwerth AT, Rdn. 600; ein entsprechender Zwang wird von dem Gesetz unwiderlegbar vermutet, wenn es sich um Gefahren für sog. Symphatiepersonen handelt.

91 Dies sieht auch Roxin, TuT, S. 162. Er hält aber gleichwohl an der analogen Anwendung des § 35 StGB fest. Dies beruht wohl in erster Linie darauf, daß Roxin auch bei einer Nötigung zu einer Straftat das Verantwortungsprinzip mit Hilfe des § 35 StGB präzisieren möchte und die ebenfalls in Betracht kommende Rechtfertigung gem. § 34 StGB nicht in Erwägung zieht.

92 Vgl. Jakobs AT (2. Auflage), 21/97; a.A. noch ders. AT, 21/97.

93 AT, 21/88; i.E. ebenso Meyer, S. 160, aber zu sehr psychologisierend: Dem Opfer bleibe nichts anderes übrig, als auf das Ansinnen als dem geringeren Übel einzugehen.

nes Delikts gezwungen wird. Gegen die von ihm vorgeschlagene Analogie zu § 34 StGB lassen sich aber ähnliche Einwände wie die, die gegen eine analoge Anwendung des § 35 StGB sprechen, nicht geltend machen. Die in § 34 StGB vorgesehene Rechtfertigung beruht nämlich nicht auf einer auf den Selbsterhaltungstrieb zurückführbaren besonderen Konfliktsituation des Betroffenen, sondern auf einer Gefahrensituation, in der ein hochwertiges Rechtsgut auf Kosten eines geringerwertigen erhalten wird. Bei dem rechtfertigenden Notstand geht es daher – insbesondere im Hinblick auf die geforderte Güterabwägung – um im rechtlichen Sinne vernünftige Güterumschichtungen. Solch eine Güterumschichtung ist aber nicht nur dann geboten, wenn jemand zur Beseitigung einer Gefahr für ein - rechtlich garantiertes - höherwertiges eigenes oder fremdes Interesse ein geringerwertiges Interesse *eines anderen* beeinträchtigt (§ 34 StGB direkt): Jemand kapert ein Taxi und zwingt den vom Taxiunternehmer angestellten Fahrer unter Todesdrohungen zu einer Fahrweise, die das Fahrzeug beschädigt[94]. Eine der Proportionierung des § 34 StGB entsprechende Güterumschichtung ist darüberhinaus auch dann möglich, wenn jemand zur Beseitigung einer Gefahr für ein höherwertiges eigenes oder fremdes Interesse ein geringerwertiges *eigenes* Interesse beeinträchtigt (§ 34 StGB analog): Nach Kaperung eines Taxis zwingt jemand den Fahrer, der zugleich Eigentümer ist, zu einer das Fahrzeug beschädigenden Fahrweise[95]. In beiden Fällen hat der Drohende eine Situation herbeigeführt, in der ein anderer ein strafrechtlich geschütztes Gut in rechtlich vertretbarer Weise (§ 34 StGB direkt bzw. analog bei der Selbstverletzung) verletzt, so daß mittelbare Täterschaft des Drohenden anzunehmen ist. Indem § 34 StGB analog angewandt wird, gelingt auch bei einer auf Drohung beruhenden Selbstverletzung, das Vorliegen mittelbarer Täterschaft normativ von der Eigenverantwortlichkeit des Opfers abzugrenzen und so dem Verantwortungsprinzip Rechnung zu tragen[96].

94 Beispiel von Jakobs AT, 21/84.

95 Beispiel von Jakobs AT, 21/88.

96 Eine parallele Problematik findet sich bei der Veranlassung eines anderen zu einer Selbstgefährdung, so wenn jemand durch eine Brandstiftung Rettungsmaßnahmen Dritter hervorruft, die zu Verletzungen führen. Die Eigenverantwortlichkeit des Rettenden wird hier zunehmend nach den Kriterien des Notstands i.S.d. § 34 StGB bestimmt. Entscheidend soll sein, ob eine Abwägung der gegenüberstehenden Rechtsgüter einschließlich des Grads ihrer Gefährdung ergibt, daß der ver-

Als vorläufiges Ergebnis kann daher festgehalten werden: Eine Drohung, die zu einer Selbstverletzung bzw. -schädigung führt, begründet immer dann mittelbare Täterschaft des Drohenden, wenn die Selbstverletzung bzw. Selbstschädigung der Bewahrung eines durch die Bedrohung gefährdeten Interesses dient, welches das durch die Selbstverletzung beeinträchtigte Interesse i.S.d. § 34 StGB wesentlich überwiegt.

*ee) Präzisierung der Interessenabwägung bei einer mittelbaren Täterschaft durch ein quasi-gerechtfertigt handelndes Werkzeug*

Wenn der mit der Selbstverletzung verfolgte Zweck das durch die Selbstverletzung beeinträchtigte Interesse wesentlich überwiegt, hält sich das Opfer an die strenge Gewichtung des § 34 StGB. Darüberhinaus bleibt aber zu klären, ob mittelbare Täterschaft bei einer auf Drohung beruhenden Selbstverletzung auf diese Fälle beschränkt ist. Was gilt insbesondere, wenn beeinträchtigtes und geschütztes Interesse rechtlich gleichwertig sind oder gar das durch die Selbstverletzung beeinträchtigte Interesse objektiv höherwertig ist, das Opfer sich aber gleichwohl für die Selbstverletzung entscheidet?

Zwei Beispiele mögen die Problematik verdeutlichen. A droht dem B, ihm ein paar Fensterscheiben (Wert: 500,- DM) einzuwerfen, falls er seinen (des B) Rasseschäferhund (Wert: 1.500,- DM), der den A in seiner Nachtruhe störe, nicht töte. B tötet den Hund; dies fällt ihm um so leichter, als er sich selbst in letzter Zeit über den Hund geärgert hatte. Zweites Beispiel: B ist ein Tierliebhaber und besitzt unter anderem zwei Hunde, die erheblichen Lärm verursachen. Eines Tages packt sich der Nachbar A einen der Hunde und stellt den B vor die Wahl: Entweder töte B den anderen Hund, oder er - A - erschieße den von ihm festgehaltenen Hund. B gibt dem anderen Hund eine tödliche Spritze, weil er den von A festgehaltenen Hund lieber hat. Die Hunde sind beide jeweils ca. 500,- DM wert.

In beiden Fällen hat A den B durch eine Drohung zur Zerstörung einer Sache bewogen. Bejaht man mittelbare Täterschaft des Drohenden nur

folgte Rettungszweck höher zu bewerten ist als die Selbstgefährdung, vgl. dazu Rudolphi, JuS 1969, 557; Jakobs, ZStW 89, 34; Wolter, S. 345 f.; im Hinblick auf die "bloße" Gefährdungssituation kann allerdings die Abwägung anders ausfallen als bei der bewußten Selbstverletzung.

dann, wenn der sich selbst Schädigende die durch § 34 StGB vorgenommene Gewichtung beachtet, so müßte für beide Konstellationen eine Strafbarkeit des A gem. den §§ 303, 25 I 2. Alt. StGB verneint werden. Im ersten Fall ist das geschützte Interesse (die Fensterscheiben) geringerwertig als das beeinträchtigte (der Schäferhund), im zweiten Beispiel sind geschütztes und beeinträchtigtes Interesse gleichwertig. Ein *wesentliches* Überwiegen des geschützten Interesses liegt dagegen nicht vor.

§ 34 StGB verlangt allerdings ein wesentliches Überwiegen nur deshalb, weil im direkten Anwendungsbereich der Norm jemand in die Rechtsgüter *anderer* eingreift, die zwischenmenschliche Solidarität also in Rede steht[97]. Die Fälle der auf einer Drohung beruhenden Selbstverletzung zeichnen sich hingegen dadurch aus, daß jemand zur Bewahrung eines anderen Interesses in *eigene* Rechtsgüter eingreift. Vor diesem Hintergrund ist bei einer auf Drohung beruhenden Selbstverletzung die von § 34 StGB geforderte Interessenabwägung zu modifizieren. *Jakobs* z.B. bejaht mittelbare Täterschaft des Drohenden bereits immer dann, wenn die von dem Bedrohten praktizierte Wertehierarchie überhaupt plausibel ist[98]. Diese Formel bedarf der Präzisierung, insbesondere im Hinblick auf die Ausräumung von Mißverständnissen, die bei einer unreflektierten Anwendung auftreten können. Man könnte nämlich die Meinung *Jakobs* dahingehend (miß-)verstehen, daß sich die Plausibilität der Güterumschichtung nach der rein individuellen Sicht des sich selbst Verletzenden richtet[99]. In diesem Falle würde das von *Jakobs* vorgeschlagene Plausibilitätskriterium ad absurdum geführt; der Gutsinhaber bringt durch die Selbstverletzung stets zum Ausdruck, daß er die Güterumschichtung für vernünftig hält. Es kann daher nur um *objektiv* vernünftige Güterumschichtungen gehen, die mit der subjektiven Wertung des Gutsinhabers nicht immer übereinstimmen müssen.

Ungeklärt steht aber weiter im Raum, nach welchen Kriterien sich die objektive Plausibilität der von dem Bedrohten praktizierten Wertehierarchie richtet. Hier ist naheliegend, die von § 34 StGB geforderte Güterabwägung umzukehren. Nicht das geschützte Interesse muß das beeinträchtigte wesentlich überwiegen, damit man von einer Rechtfertigung spre-

97 Vgl. Jakobs AT, 21/89; vgl. auch Küper, JZ 1986, 225.
98 AT, 21/89.
99 Vgl. Kußmann, S. 305.

chen kann, sondern der infolge der Selbstverletzung eingetretene Schaden darf nicht außer Verhältnis zu dem geschützten Interesse stehen. Nur wenn zwischen geschütztem und beeinträchtigtem Interesse ein Mißverhältnis zu Lasten des infolge der Selbstverletzung beeinträchtigten Interesses besteht, ist die Güterumschichtung rechtlich unvernünftig und daher dem Opfer selbst zuzurechnen[100]. Im Ergebnis ist also bei der Güterabwägung ebenso zu verfahren wie beim defensiven Notstand (§ 228 BGB).

Nunmehr können auch die zu Beginn angeführten Beispiele sinnvoll gelöst werden. Im ersten Fall steht die Tötung des Hundes außer Verhältnis zu der Bewahrung der Fensterscheiben und ist daher als rechtlich unvernünftig anzusehen. Infolge der inplausiblen Güterumschichtung des B kommt eine mittelbare Täterschaft des Drohenden (A) nicht in Betracht. Dies muß konsequenterweise auch für eine zu erwägende Strafbarkeit nach § 240 StGB gelten, da die Nötigung lediglich *vertypte* mittelbare Täterschaft ist[101]. Dagegen besteht im zweiten Beispiel kein entsprechendes Mißverhältnis zwischen beeinträchtigtem und geschütztem Interesse, so daß der Drohende (A) wegen Benutzung eines quasi-gerechtfertigt handelnden Werkzeugs (B) als mittelbarer Täter einer Sachbeschädigung anzusehen ist. Da sich die Verfügung als rechtlich vernünftige Reaktion auf die vom Täter geschaffene Lage darstellt, liegt darüberhinaus eine Nötigung i.S.d. § 240 StGB vor.

Das hier entwickelte Lösungsmodell genießt im Vergleich mit den übrigen in der Literatur vertretenen Ansichten den Vorzug der größeren und präziseren Differenzierungsmöglichkeit und gewährleistet damit Einzelfallgerechtigkeit, ohne bei der Rechtssicherheit Abstriche machen zu müssen. *Roxin* müßte in beiden Beispielsfällen mittelbare Täterschaft des Drohenden verneinen, weil eine Nötigungssituation i.S.d. § 35 StGB nicht gegeben ist. Dagegen würde *Herzberg* in beiden Fällen angesichts der Drohung mit einem empfindlichen Übel mittelbare Täterschaft des A bejahen. Raum für Differenzierungen zwischen den beiden Fällen bleibt weder bei der *Roxinschen*, noch bei der *Herzbergschen* Lösung, obwohl es sich im Hinblick auf die jeweilige Güterrelation um ganz unterschiedliche Fallkonstellationen handelt: Nur im zweiten Fall hat nämlich der

100 Eine ähnliche Erwägung findet sich bei Küper, JZ 1986, 225 im Zusammenhang mit der Parallelproblematik der Einwilligung.

101 Vgl. zur Nötigungsproblematik ausführlich Timpe, S. 32 ff., S. 149.

Drohende eine Situation geschaffen, in der die Selbstschädigung analog § 34 StGB vernünftig ist, so daß aufgrund der Quasi-Rechtfertigung des Bedrohten eine vorrangige Verantwortlichkeit und damit mittelbare Täterschaft des Drohenden gegeben ist.

### 3. *Die Bedeutung des Verantwortungsprinzips bei der Beurteilung einer auf Drohung beruhenden Einwilligung*

#### a) *Übertragung der zur Selbstverletzung erzielten Ergebnisse auf die Einwilligung*

Die Erteilung einer Einwilligung in eine Fremdverletzung und die Selbstverletzung sind als unterschiedliche Ausdrucksformen des Selbstbestimmungsrechts - wie oben erarbeitet wurde - gleichwertig. Dann gelten aber auch identische Haftungsvoraussetzungen für denjenigen, der einen anderen mit Hilfe einer Drohung zur Selbstverletzung veranlaßt und denjenigen, der einen anderen mit Hilfe einer Drohung zur Erteilung einer Einwilligung bestimmt. Die Verantwortungsbereiche des Drohenden einerseits und des Dispositionsbefugten andererseits sind von- und gegeneinander abzugrenzen. Haftungsbegründend wirken bei der Selbstverletzung nur solche Drohungen, bei denen der infolge der Selbstverletzung eingetretene Schaden nicht außer Verhältnis zu dem abgewendeten Schaden steht. Der sich selbst Verletzende handelt dann quasi-gerechtfertigt i.S.d. § 34 StGB und ist deshalb von eigener Verantwortlichkeit befreit.

Entsprechendes gilt, wenn jemand durch eine Drohung zur Einwilligung in eine Fremdverletzung gebracht wird. Solange der Einwilligende den Schaden in noch plausibler Weise umverteilt, ist eine vorrangige Verantwortlichkeit und damit eine Haftung des Drohenden zu bejahen[102]. Das Verantwortungsprinzip erlangt somit nicht nur bei der Nötigung zu einer Straftat und der Nötigung zu einer Selbstverletzung Bedeutung, sondern ebenso bei der Nötigung zu einer Einwilligung.

102 Ebenso Jakobs AT, 7/121.

*b) Überprüfung des entwickelten Kriteriums anhand von Beispielen*

Die Tauglichkeit des Kriteriums soll nunmehr - pars pro toto - an zwei Beispielen, die in Rechtsprechung und Literatur diskutiert werden, überprüft werden.

Der BGH[103] hatte einen Fall zu beurteilen, in dem ein Konzentrationslagerhäftling in seine Entmannung eingewilligt hatte, weil ihm andernfalls die Fortsetzung der Freiheitsberaubung angedroht wurde. Der BGH hat nach der hier vertretenen Meinung die Haftung des den Eingriff vornehmenden Arztes zu Recht bejaht, da der durch die Entmannung eingetretene Schaden nicht außer Verhältnis zu den in der Lagerhaft drohenden Beeinträchtigungen steht.

*Schmidhäuser*[104] bildet das Beispiel, daß eine Ehefrau ihrem Mann androht, die gesamte Wohnung anzuzünden, wenn er nicht in die Vernichtung eines alten Schranks einwillige. Auch hier ist eine Haftung der Drohenden zu bejahen, da der Dispositionsbefugte den Schaden in noch plausibler Weise umverteilt. Dagegen käme nicht einmal eine Strafbarkeit wegen Nötigung in Betracht, wenn sich die Drohung der Ehefrau darin erschöpfen würde, ihn (den Ehemann) im Falle der Verweigerung der Einwilligung nicht ins Theater zu begleiten, da in diesem Fall eingetretener und abgewendeter Schaden außer Verhältnis stehen[105].

## *IV. Haftungsvoraussetzungen bei einer auf Täuschung beruhenden Selbstverletzung bzw. einverständlichen Fremdverletzung*

### *1. Allgemeine Problematik der Anwendbarkeit des Verantwortungsprinzips bei Täuschungen*

Hält man - wie hier - das Verantwortungsprinzip für das einzig taugliche Kriterium, die Haftungsvoraussetzungen bei einer auf Drohung beruhenden Selbstverletzung bzw. einverständlichen Fremdverletzung zu bestimmen, liegt es nahe, bei der Beurteilung von *Täuschungen* ebenso zu verfahren. In der Literatur ist es aber umstritten, ob im Falle der sog. Irr-

103 BGHSt 4, 113, 118 f.

104 AT, 8/136.

105 So entscheidet im Ergebnis auch Schmidhäuser AT, 8/136 die Fallabwandlung, dies aber wohl intuitiv, jedenfalls ohne eine nähere Begründung anzugeben.

tumsherrschaft mittelbare Täterschaft ausgeschlossen ist, wenn der Tatmittler trotz des bei ihm erregten Irrtums voll verantwortlich bzw. - bei der Selbstverletzung - quasi-verantwortlich ist. Auch bei der Täuschung stellt sich - entsprechend zur Nötigungsproblematik - also zunächst die Frage, unter welchen Voraussetzungen die Täuschung eines anderen, der daraufhin eine Straftat begeht, mittelbare Täterschaft begründet. Daraus ergibt sich dann, wie die mittelbare Täterschaft bei einer auf Täuschung beruhenden Selbstverletzung zu bestimmen ist. Dies wiederum stellt wegen der Gleichwertigkeit von Selbstverletzung und einverständlicher Fremdverletzung erst den Maßstab für die Bewertung von Täuschungen bei der Einwilligung auf.

### a) *Roxins These von der mangelnden phänomenologischen Vergleichbarkeit von Drohung und Täuschung*

*Roxin*, der bei der Drohung eines anderen zur Begehung einer Straftat bzw. Selbstverletzung mit Nachdruck für die Anwendung des Verantwortungsprinzips eintritt, streitet dessen Tauglichkeit in den Täuschungsfällen ab. Zwischen der Drohung eines anderen und der Täuschung bestehe nämlich ein entscheidender *phänomenologischer* Unterschied: Während sich der Bedrohte in einem starken, schwer widerstehlichen psychischen Druck befinde, fühle sich der Irrende nicht im geringsten Handlungszwang und habe sein Verhalten im Gegensatz zu dem Bedrohten frei gewählt[106]. Mittelbare Täterschaft könne daher in den Irrtumsfällen nicht mit der Unfreiheit des Tatmittlers und dementsprechend auch nicht mit dem Verantwortungsprinzip begründet werden, sondern lediglich mit der überlegenen Sachverhaltskenntnis des Täuschenden, die ihm eine nötigungsfreie Lenkung des Geschehens aus dem Hinterhalt ermögliche[107]. Wegen dieser strukturellen Abweichung hält *Roxin* bei den Irrtumsfällen eine mittelbare Täterschaft auch dann für möglich, wenn der Tatmittler selbst voll verantwortlich ist. Zu denken sei hier insbesondere an die Hervorrufung eines Irrtums des Tatmittlers über den konkreten Handlungssinn, so etwa, wenn A den einfältigen B veranlasse, ein dem C gehörendes, sehr wertvolles Kadinsky-Gemälde wegzuwer-

106 Roxin, TuT, S. 637; LK/Roxin, § 25 Rdn. 58.
107 LK/Roxin, § 25 Rdn. 58.

fen, indem er ihm vorspiegele, es handele sich um wertloses Geschmiere[108].

*b) Mangelnde juristische Relevanz der faktischen Unterschiede*

Zugunsten *Roxins* sei im weiteren angenommen, dem irrenden Tatmittler komme tatsächlich eine weitere Handlungsfreiheit zu als dem genötigten Tatmittler[109]. Selbst dann bleibt aber die entscheidende Frage, ob der phänomenologische Unterschied zwischen den Nötigungs- und den Täuschungsfällen überhaupt *normativ* von Bedeutung ist[110].

In den Fällen der Nötigungsherrschaft folgt *Roxin* dem Verantwortungsprinzip und bejaht mittelbare Täterschaft dann und nur dann, wenn die Drohung dazu führt, daß der Bedrohte selbst für sein Verhalten strafrechtlich nicht zur Verantwortung gezogen werden kann. Die Nötigungsherrschaft ist damit nicht stets zugleich auch durch faktisch überwältigenden motivatorischen Druck gekennzeichnet, sondern bestimmt sich nach dem Kriterium der Verantwortlichkeit[111]. *Roxin* selbst läßt den Grund vermissen, warum bei der Irrtumsherrschaft die rein faktische Steuerung des Geschehens maßgebend sein soll[112]. Gegen diese faktische und naturalistisch anmutende Betrachtungsweise sprechen dieselben Bedenken, die bereits oben bei der Nötigungsproblematik vorgebracht wurden. Herrschaft und Unfreiheit als psychische Fakten erkennen zu wollen, ist ein ebenso aussichtsloses Unterfangen wie die Beantwortung der Frage nach der Willensfreiheit überhaupt. Mittelbare Täterschaft ist daher *stets* auf die Regeln rechtlicher Verantwortung abzustimmen[113]. Rechtliche Verantwortung kann aber aus ganz unterschiedlichen Gründen ausscheiden. So wie etwa eine Drohung zu einem entschuldigenden Notstand i.S.d. § 35 StGB führen kann, schließt eine Täuschung u.U. den

108 LK/Roxin, § 25 Rdn. 75, 69.

109 Bedenken meldet Herzberg, S. 18 an: Bei einer Täuschung könne derselbe Handlungszwang wie bei einer Drohung bestehen.

110 So insbesondere auch Herzberg, S. 19; vgl. auch Maiwald, ZStW 88, 737.

111 Daran ändert entgegen Roxin, TuT, S. 639 Fn. 297 auch die Tatsache nichts, daß bei den Nötigungsfällen prinzipiell (!) psychischer Druck vorliegen muß. Solange der Druck rechtlich nicht relevant ist, kommt mittelbare Täterschaft nicht in Betracht.

112 Dies kritisiert auch Maiwald, ZStW 88, 737.

113 Herzberg, S. 19; Jakobs AT, 21/101; Maiwald, ZStW 88, 737; Bloy, S. 350 f.

Vorsatz des Getäuschten aus. Bei normativer Betrachtung besteht daher zwischen den Nötigungs- und den Irrtumsfällen kein Unterschied; rein faktische Unterschiede als solche rechtfertigen eine abweichende juristische Beurteilung aber nicht. Das Verantwortungsprinzip ist daher auch für die Frage heranzuziehen, unter welcher Voraussetzung eine Täuschung mittelbare Täterschaft des Täuschenden begründet.

### *2. Mittelbare Täterschaft durch Täuschung zur Begehung einer Straftat*

Ist mit der Täuschung eines anderen bezweckt, daß dieser eine Straftat begeht, liegt mittelbare Täterschaft zunächst dann vor, wenn der Tatmittler infolge der Täuschung strafrechtlich nicht verantwortlich ist. So kann die Täuschung dazu führen, daß der Vorsatz des Tatmittlers ausgeschlossen ist, so etwa, wenn einer ahnungslosen Krankenschwester durch einen arglistigen Hintermann eine vergiftete Spritze zugespielt wird, durch deren Injektion der Patient zu Tode kommt[114]. Wegen vorsätzlicher Tötung kann die Schwester nicht zur Verantwortung gezogen werden; bei Unvermeidbarkeit des Irrtums scheidet auch ein Strafbarkeit wegen fahrlässiger Tötung aus. Für diesen rechtlich erheblichen Verantwortungsverlust haftet der Täuschende als mittelbarer Täter. Die täterschaftliche Haftung des Hintermannes bleibt aber auch dann bestehen, wenn der unvorsätzlich Ausführende *vermeidbar* gehandelt hat und insoweit eigentlich selbst für den Defekt zuständig ist. Dies ist zwar wertungsmäßig nicht überzeugend, de lege lata aber unumstößlich, da es eine Beteiligung an einer unvorsätzlichen Tat gem. den §§ 26, 27 StGB nicht gibt und statt dessen der allein vorsätzliche Hintermann stets als mittelbarer Täter haftet[115]. Aufgrund der Täuschung kann sich der Tatmittler in einem sog. Erlaubnistatbestandsirrtum befinden, der nach im Ergebnis ganz herrschender Meinung[116] ebenfalls zum Vorsatzausschluß führt; der Hintermann haftet dann ebenfalls für die vorsätzliche Tat als mittelbarer Täter. Schließlich ist denkbar, daß der Hintermann bei dem Tatmittler einen unvermeidbaren Verbotsirrtum hervorruft, der die strafrechtliche Verantwortlichkeit des Tatmittlers entfallen läßt (§ 17 StGB).

114 Vgl. LK/Roxin, § 25 Rdn. 59.
115 Vgl. Jakobs AT, 21/72/74; Timpe, JZ 1990, 97 Fn. 4.
116 Vgl. dazu mit umfassenden Nw. nur Sch-Sch/Cramer, § 16 Rdn. 16.

### 3. *Mittelbare Täterschaft durch Täuschung zur Selbstverletzung bzw. Selbstschädigung*

Entsprechend der oben erörterten Nötigungsproblematik bei der Selbstverletzung können nunmehr auch die Fälle täuschungsbedingter Selbstverletzung mit Hilfe des Verantwortungsprinzips gelöst werden. Da der sich selbst Verletzende keinen Tatbestand verwirklicht, sind die Regeln, die für den Fall einer Täuschung zur Begehung einer Straftat entwickelt wurden, entsprechend anzuwenden.

Keine Schwierigkeiten treten auf, wenn die Täuschung dem Opfer verschleiert, daß es sich selbst verletzt und damit quasi-unvorsätzlich handelt. Ebenso denkbar ist der Fall, daß bei dem sich selbst Verletzenden eine dem Erlaubnistatbestandsirrtum vergleichbare Situation vorliegt. Beispiel: A spiegelt dem B vor, sein Hund sei von einer ansteckenden Krankheit befallen und müsse daher eingeschläfert werden. B tötet daraufhin seinen Hund. Hier stellt sich B eine Situation vor, die - wenn sie tatsächlich vorliegen würde - zu einer Quasi-Rechtfertigung i.S.d. § 228 BGB führen würde. A ist also mittelbarer Täter einer Sachbeschädigung. Dasselbe gilt bei der Vorspiegelung einer Situation, die zu einer Quasi-Rechtfertigung im Sinne des aggressiven Notstands gem. § 34 StGB, § 904 BGB führt. Angenommen, A erweckt in B die Fehlvorstellung, sein Kind sei schwer erkrankt und bedürfe dringend einer bestimmten Medizin. Die einzige Möglichkeit, die Medizin zu beschaffen, besteht - wie A und B wissen - darin, das defekte Auto des B zu benutzen, das zwar noch fährt, aber nach der Durchführung der Besorgungsfahrt nur noch Schrottwert haben wird. Hier ist A mittelbarer Täter einer Sachbeschädigung gem. den §§ 303, 25 I 2. Alt StGB, weil er einen Irrtum des B hervorgerufen hat, der diesen von seiner eigenen Verantwortlichkeit befreit und somit zum Werkzeug des A macht.

Zu beachten ist, daß - korrespondierend zu der oben erörterten Nötigungsproblematik - der Anwendungsbereich der mittelbaren Täterschaft bei einer Selbstverletzung im Falle der Täuschung über das Vorliegen einer Quasi-Rechtfertigungssituation zu erweitern ist: Quasi-Rechtfertigung i.S.d. § 34 StGB bzw. § 904 BGB liegt bereits dann vor, wenn eingetretener und abgewendeter Schaden nicht außer Verhältnis stehen und nicht nur dann, wenn das geschützte Interesse das beeinträchtigte wesentlich überwiegt. Deshalb ist das Verhalten des sich selbst Verletzenden bereits dann als quasi-unvorsätzlich (im Sinne eines Erlaubnistatbestandsirrtums) anzusehen, wenn ihm eine Situation vorgespiegelt wird, in der der infolge der Selbstverletzung eingetretene Schaden nicht außer Verhältnis zu dem abgewendeten Schaden stehen würde. Denkbar ist schließlich auch die Konstellation, daß der sich selbst Verletzende infolge der Täuschung einem Irrtum erliegt, der einem unvermeidbaren Verbotsirrtum i.S.d. § 17 StGB entspricht - so wenn dem Opfer vorgespiegelt wird, ein Selbstschutz werde rechtlich mißbilligt[117]. Praktisch werden diese Fälle aber eher selten sein.

### *4. Die täuschungsbedingt zustandengekommene Einwilligung*

Die zur Selbstverletzung entwickelten Kriterien geben einen Maßstab an die Hand, erhebliche von unerheblichen Täuschungen bei der Erklärung einer Einwilligung abzugrenzen.

Den Fällen des quasi-unvorsätzlich Handelnden bei der Selbstverletzung entspricht im Rahmen der Einwilligung die Fallkonstellation, in der die Täuschung zum Fehlen einer Einwilligung führt, weil der Dispositionsbefugte überhaupt nicht weiß, was er aufgibt. Daß solche sog. rechtsgutsbezogene Täuschungen erheblich sind, wurde bereits oben festgestellt und wird durch die Parallele zur Selbstverletzung bestätigt. Unzutreffend ist aber, es hierbei - wie die wohl überwiegende Lehre[118] - bewenden zu lassen, mithin nur rechtsgutsbezogene Täuschungen als erheblich anzusehen. Wie bei der Selbstverletzung so kann auch bei der Erteilung einer Einwilligung eine Situation vorgetäuscht werden, bei deren tatsächlichem Vorliegen Quasi-Rechfertigung anzunehmen wäre. Dies legt besonders ein von *Jakobs*[119] gebildetes Beispiel offen: Ein Frisör spiegelt einem Kunden vor, er habe Kopfläuse; daraufhin ist der Kunde mit dem Abschneiden der Haare einverstanden. Der Kunde hat sich also eine Situation vorgestellt, bei deren tasächlichem Vorliegen

117 Jakobs AT (2. Auflage), 21/97, 98.

118 Arzt, Willensmängel, S. 19 ff.; Sch-Sch/Lenckner, Vor § 32 Rdn. 46; SK/Samson, Vor § 32 Rdn. 43; Jescheck, § 34 IV 4; kritisch aber Lackner, § 226 a Anm. 2 b cc.

119 AT, 7/121; das Beispiel wird aufgegriffen von Roxin, Noll-GS, S. 282, Brandts/Schlehofer, JZ 1987, 446.

sein Verhalten analog § 34 StGB gerechtfertigt wäre; sein Irrtum entspricht demnach wertungsmäßig einem Erlaubnistatbestandsirrtum. Für das Herbeiführen eines solchen Irrtums haftet der Frisör daher.

Nunmehr können auch die Fälle überzeugend gelöst werden, in denen der Einwilligende mit dem Eingriff nur einverstanden ist, weil ihm eine bestimmte Gegenleistung versprochen wird, diese dann aber verweigert wird. Durch die Täuschung kann auch hier eine Situation vorgespiegelt werden, in der die Umschichtung eines Guts objektiv vernünftig und daher quasi-gerechtfertigt i.S.d. § 34 StGB ist. Dies ist immer dann der Fall, wenn die Gutsaufgabe qua Einwilligung nicht außer Verhältnis zur versprochenen Gegenleistung steht. Wenn beispielsweise[120] jemand nur deshalb zu einer Blutspende bereit ist, weil man ihm vorgespiegelt hat, er erhalte hierfür eine Vergütung in Höhe von 50,- DM, haftet der Täuschende wegen Körperverletzung, weil er einen vernünftigen Anlaß für die Erteilung der Einwilligung geschaffen hat[121]. Stehen dagegen die Leistung des Gutsinhabers und die versprochene Gegenleistung in einem objektiven Mißverhältnis, so fällt die Gutsverletzung in den eigenen Verantwortungsbereich des Dispositionsbefugten.

### *V. Exkurs: Drohung und Täuschung bei der Selbsttötung bzw. einverständlichen Fremdtötung*

Vorliegend interessiert in erster Linie, welchen Einfluß Willensmängel in Form von Drohungen und täuschungsbedingten Irrtümern auf die Einwilligung ausüben. Dieses Problem - so könnte man vermuten - tritt aber nicht auf, wenn eine Einwilligung bereits aus anderen Gründen unwirksam ist. Aus § 216 StGB ergibt sich die Unwirksamkeit der Einwilligung in eine (vorsätzliche) Fremdtötung. Unabhängig von Drohungen und Täuschungen haftet derjenige, der einen anderen - wenn auch auf dessen ausdrückliches Verlangen hin - tötet. Die Problematik der Willensmängel wird aber bedeutsam, soweit das Wie der Strafbarkeit des Fremdtötenden zu bestimmen ist. Zu klären ist hier, welche Drohungen bzw. Täuschungen dem Tötungsverlangen die "Ernstlichkeit" i.S.d. § 216 StGB nehmen, mit der Folge, daß der Täter nach den strengeren Vorschriften der §§ 211, 212 StGB bestraft wird. Dafür ist wiederum zu-

120 Ähnliches Beispiel bei Jakobs AT, 7/121.
121 A.A. insoweit Roxin, Noll-GS, S. 293 f.

nächst erarbeitungsbedürftig, unter welchen Voraussetzungen Drohungen bzw. Täuschungen bei einer Selbsttötung zur mittelbaren Täterschaft des Drohenden bzw. Täuschenden führen. In beiden Fällen muß die Eigenverantwortlichkeit des sich selbst Tötenden bzw. desjenigen, der das ausdrückliche Verlangen erklärt, parallel bestimmt werden. Die Lösung ist hier ebenso zu ermitteln wie oben bei der Behandlung von Gutsverletzungen, die der freien Disposition ihres Inhabers unterliegen, d.h. es ist das Verantwortungsprinzip zugrundezulegen[122].

Beispiel[123] zur Drohung: A droht, er töte ein Kind, wenn B sich nicht selbst töte. B erschießt sich. A ist mittelbarer Täter eines Totschlags bzw. eines Mordes, da B aufgrund des Nötigungsnotstandes analog § 34 StGB als quasi-gerechtfertigt und damit als nicht verantwortlich anzusehen ist. Deshalb käme im Parallelfall, in dem A damit droht, ein Kind zu töten, falls B nicht mit der Tötung durch A einverstanden sei, auch nicht die Privilegierung des § 216 StGB in Betracht, sondern ebenfalls die §§ 211, 212 StGB.

Beispiel zur Täuschung: A ruft den Todeswunsch des B durch die Täuschung hervor, mit ihm aus dem Leben scheiden zu wollen[124]. B erschießt sich. Oder: B ist ausdrücklich damit einverstanden, daß A ihm eine Giftspritze setzt, weil A ihm vorgespiegelt hat, sich im Anschluß daran selbst zu töten. Infolge der Täuschung stellt sich B keine Situation vor, die bei ihrem Vorliegen zu einer Quasi-Rechtfertigung führen würde. Im Falle der Selbsttötung haftet A deshalb überhaupt nicht, im Falle der Fremdtötung bleibt die Strafbarkeit des A gem. § 216 StGB, da das Verlangen des B wegen der Unbeachtlichkeit des Willensmangels als ernstlich anzusehen ist[125]. In beiden Fällen besteht Eigenverantwortlichkeit des B, wobei das Gesetz für den Fall der Fremdtötung gleichwohl an

122 Im Ansatz ebenso Bottke, S. 250; ders., GA 1983, 31 f.; LK/Roxin, § 25 Rdn. 83 mit Nw. des Streitstandes; Herzberg, JZ 1985, 336 ff. stellt - von seinem Ansatz aus konsequent - auch bei der Tötungsproblematik auf die Einwilligungslehre ab; ihm folgend Brandts/Schlehofer, JZ 1987, 444.

123 Beispiel von Jakobs AT (2. Auflage), 21/89 Fn. 158.

124 Vgl. den Fall BGH JZ 1987, 474 mit einer Anmerkung von Brandts/Schlehofer, JZ 1987, 442 ff.

125 A.A. aber BGH JZ 1987, 474 und - wenn auch mit anderer Begründung - Brandts/Schlehofer, JZ 1987, 448: Es liege ein rechtsgutsbezogener Irrtum vor; für mittelbare Täterschaft in solchen Fallkonstellationen auch Maurach/Gössel AT 2, § 48 Rdn. 91 bei Zugrundelegung der "faktischen" Tatherrschaftslehre.

der Strafbarkeit des Eingreifenden festhält (§ 216 StGB). Mit der hier entwickelten Lösung läßt sich also auch überzeugend ein Maßstab bei Drohungen und Täuschungen im Rahmen der Selbsttötung bzw. der einverständlichen Fremdtötung angeben.

## *VI. Haftung des Drohenden bzw. Täuschenden als unmittelbarer oder mittelbarer Täter*

### *1. Problemstellung*

Bislang wurde herausgearbeitet, nach welchen Kriterien beachtliche Drohungen und Täuschungen von unbeachtlichen unterschieden werden können. Hierbei wurde vorausgesetzt, daß der auf die Einwilligung hin Handelnde mit demjenigen, der den Defekt des Dispositionsbefugten durch Drohung, Täuschung oder auf ähnliche Art und Weise herbeigeführt hat, identisch ist. Offengeblieben ist dagegen, ob unmittelbare oder mittelbare Täterschaft gegeben ist, es wurde vielmehr im Zusammenhang mit der Einwilligung neutral von einer Haftung des Täuschenden bzw. Drohenden gesprochen.

Das hier entwickelte Lösungsmodell beruht auf der Gleichwertigkeit von Selbstverletzung und Erteilen einer Einwilligung; dieser Prämisse folgend waren die Haftungsvoraussetzungen für die Beteiligung an einer Selbstverletzung einerseits und der Mitwirkung an der Erteilung einer Einwilligung andererseits anzugleichen. Es galt, das jeweilige Geschehen normativ den verschiedenen Verantwortungssphären des Täuschenden bzw. Drohenden und des Dispositionsbefugten zuzuordnen. Bei der Selbstverletzung kommt von vorneherein überhaupt nur mittelbare Täterschaft in Betracht, weil der Beteiligte selbst das jeweils geschützte Rechtsgut nicht verletzt, sondern "lediglich" durch einen anderen i.S.d. § 25 I 2. Alt. StGB handelt - eben durch den Dispositionsbefugten[126]. Diese Lösung bietet sich angesichts der Gleichwertigkeit auch bei der Parallelproblematik der Einwilligung an, so daß der Einwilligende Werkzeug und derjenige, der den Einwilligungsdefekt beherrscht, mittelbarer Täter ist[127]. Die wertungsmäßige Identität von Selbstverletzung und Einwilligung spiegelt sich so auch in der dogmatischen Konstruktion wider.

126 Ganz herrschende Meinung, vgl. nur LK/Roxin, § 25 Rdn. 52, 83.
127 So der Vorschlag von Jakobs AT, 7/118.

Bedarf es aber bei der Einwilligung überhaupt dieser Konstruktion? Wäre es nicht viel einfacher, der Einwilligung infolge der Täuschung oder Drohung die Wirksamkeit zu versagen und den Eingreifenden, der ja selbst ein fremdes Rechtsgut verletzt, als unmittelbaren Täter anzusehen[128]? So kritisiert insbesondere *Roxin*[129], die Annahme mittelbarer Täterschaft führe in der praktischen Behandlung doch wieder zur Wirkungslosigkeit der Einwilligung.

Zutreffend ist, daß sich die gegensätzlichen dogmatischen Konstruktionen regelmäßig *im Ergebnis* nicht auswirken. Wenn also A nur deshalb in das Abschneiden seiner langen Haare durch B einwilligt, weil dieser ihm vorgespiegelt hat, er habe Kopfläuse, so haftet B als Täter einer Körperverletzung gem. § 223 StGB - sei es als unmittelbarer Täter, weil man die Einwilligung aufgrund der Täuschung für unwirksam hält, sei es als mittelbarer Täter, weil er für eine Situation zuständig ist, in der A für die Erteilung der - wirksamen - Einwilligung nicht selbst verantwortlich und damit Werkzeug i.S.d. § 25 I 2. Alt. StGB ist[130]. Bedeutsam ist insoweit nur der Maßstab, nach dem man beachtliche von unbeachtlichen Täuschungen unterscheidet. Denkbar sind aber darüberhinaus Fallkonstellationen, in denen es auf die dogmatische Konstruktion ankommt und eine sinnvolle Lösung nur nach dem Regeln der mittelbaren Täterschaft zu erzielen ist, so daß sich der Vorwurf einer "Überkonstruktion"[131] von selbst erledigt.

128 So die übliche Lösung, vgl. statt aller Sch-Sch/Lenckner, Vor § 32 Rdn. 45.

129 Noll-GS, S. 292.

130 Daß die Einwilligung wirksam ist und der Einwilligende zugleich als Werkzeug im Sinne der mittelbaren Täterschaft angesehen wird, ist entgegen Meyer, S. 130 Fn. 82 und Schlehofer, S. 73, Fn. 207 nicht widersprüchlich, da die mittelbare Täterschaft auf der Zuständigkeit für den defekten Grund der Einwilligung, nicht aber auf dem Defekt selbst beruht; vgl. Jakobs AT (2. Auflage), 7/118 Fn. 186 a.

131 Roxin, Noll-GS, S. 292: "etwas überkonstruierte Annahme".

### 2. *Haftung des Eingreifenden wegen einer von ihm herbeigeführten, aber nicht mehr revozierbaren Gefahr*

Im folgenden sollen zunächst die Fälle problematisiert werden, in denen der Eingreifende eine von ihm bewußt herbeigeführte Gefahr nicht mehr revozieren kann und der Gutsinhaber zur Beseitigung der Gefahr die Zerstörung bzw. Verletzung seines Guts wünscht. Beispiel: A setzt eine Tischdecke des B in Brand und weiß dabei, daß der Eigentümer (B) mangels anderer Flüssigkeiten nur mit Champagner löschen kann. B bittet den A, die Decke zu löschen[132]. Nach der hier vertretenen Lösung ist zwar die Einwilligung des B wirksam, so daß eine unmittelbare Täterschaft gem. § 303 StGB ausscheidet. A hat aber eine Situation geschaffen, in der die von B erklärte Einwilligung in die Zerstörung der Sache (des Champagners) quasi-gerechtfertigt i.S.d. § 34 StGB ist. Die Verantwortlichkeit für die Erteilung der Einwilligung trifft also A, der demnach ebenso mittelbarer Täter einer Sachbeschädigung ist, wie wenn B selbst mit dem Champagner gelöscht hätte.

Demgegenüber sieht sich die traditionelle Lehre Schwierigkeiten gegenüber. Konsequenterweise müßte sie im Beispielsfall die Einwilligung wegen der von A herbeigeführten Notsituation ebenso für unwirksam halten wie im Falle einer vom Eingreifenden ausgehenden Drohung. Danach wäre das Löschen als solches tatbestandsmäßig i.S.d. § 303 StGB und könnte allenfalls durch § 34 StGB gerechtfertigt werden. Dann ergibt sich aber das weitere Problem, ob A überhaupt haftet. Konstruktiv ließe sich eine solche Haftung mit der sog. Lehre von der actio illicita in causa begründen: Man stellt auf die pflichtwidrige Schaffung der Kollisionslage als unrechtsbegründende Handlung ab[133] - im Beispielsfall also auf das Anzünden der Decke. Die Figur der actio illicita in causa als solche ist aber bereits sehr umstritten[134], so daß auf ihr beruhende Konzeptionen auf zumindest zweifelhafter Grundlage stehen. Zum anderen ist aber auch nicht einsehbar, warum der Dispositionsbefugte in einer Notsituation nicht wirksam in die Zerstörung seines Guts soll einwilligen können, vielmehr einem anderen, der dem Gutsinhaber weder an Kenntnis

132 Beispiel von Jakobs AT (2. Auflage), 7/122.

133 Vgl. zu dieser Lehre Sch-Sch/Lenckner, Vor § 32 Rdn. 23 m.w.Nw.

134 Vgl. Sch-Sch/Lenckner, Vor § 32 Rdn. 23.

noch an Urteilvermögen überlegen ist, ein Notrecht erwächst[135]. Besonders deutlich wird dies z.B. dann, wenn der Gutsinhaber infolge der Notsituation einen unbeteiligten Dritten um die Gutsverletzung bittet. In diesem Fall dürfte doch wohl die Wirksamkeit der Einwilligung außer Streit stehen. Hinsichtlich der gewollten Gutsverletzung ist aber irrelevant, wer diese Verletzung vornimmt; die Einwilligung ist daher auch gegenüber demjenigen wirksam, der die Gefahr zurechenbar herbeigeführt hat. Eine in sich stimmige Lösung läßt sich daher nur über die mittelbare Täterschaft erzielen: Die Einwilligung ist zwar wirksam, der Gefahrverursacher haftet aber wegen mittelbarer Täterschaft, weil er zurechenbar eine Situation erzeugt hat, in der der Dispositionsbefugte für die Erteilung der Einwilligung nicht verantwortlich und damit Werkzeug i.S.d. § 25 I 2. Alt. StGB ist.

*3. Täuschung bzw. Drohung durch Dritte*

Es wurde bereits die Konstellation angesprochen, daß jemand auf Wunsch des Dispositionsbefugten dessen Gut verletzt, während ein anderer für die Erteilung der Einwilligung verantwortlich ist (so insbesondere durch Täuschung oder Drohung). Geht man hier von der Unwirksamkeit der Einwilligung aus, müßte Entsprechendes auch für den unbeteiligten Dritten gelten. Daß dies bei tatsächlich vorliegenden Notsituationen durch eine Anwendung des § 34 StGB wieder korrigiert werden kann, dies aber wenig überzeugend ist, wurde bereits ausgeführt. Die Lösung über § 34 StGB ist jedoch gänzlich ungeeignet, soweit beachtliche Täuschungen in Rede stehen, von denen der Eingreifende Kenntnis hat. Nach üblicher Lehre müßte der Eingreifende haften. Beispiel[136]: Vater V regt sich über die langen Haare seines Sohnes S auf. V spiegelt dem S vor, er habe Kopfläuse und müsse sich deshalb die Haare abschneiden lassen. S geht zu seinem Bekannten B und erzählt ihm von dem Rat seines Vaters; B schneidet dem S auf dessen Wunsch die Haare ab, obwohl er sofort erkennt, daß S überhaupt keine Kopfläuse hat und folglich von V getäuscht worden sein mußte. Betrachtet man die Einwilligung als unwirksam, so wäre der B gem. § 223 StGB zu bestrafen. Solange aber lediglich eine Einwilligung "befolgt" wird, - dies wurde bereits oben dar-

135 Jakobs AT (2. Auflage), 7/120.
136 Abwandlung eines von Jakobs AT, 7/121 gebildeten Beispiels.

gelegt - fungiert der Eingreifende gewissermaßen als verlängerter Arm des Dispositionsbefugten, der stattdessen den Eingriff auch selbst vornehmen könnte. Wertungsmäßig besteht daher zwischen der Selbstverletzung und der Erteilung der Einwilligung kein Unterschied: In beiden Fällen bewegt man sich im Rahmen der eigenen Organisation des Gutsinhabers, weshalb im Verhältnis zwischen Gutsinhaber und "bloß" Eingreifendem Organisationsfehler stets zu Lasten des Einwilligenden gehen. Mangels Zuständigkeit des Eingreifenden[137] scheidet daher eine Haftung aus, im Beispielsfall ist B also straflos.

Wie aber sind darüberhinaus die Verantwortungsbereiche zwischen dem Dispositionsbefugten und demjenigen, der für den Einwilligungsdefekt zuständig ist, abzugrenzen? Hier müßte auch nach üblicher Lehre mittelbare Täterschaft des Täuschenden bzw. Drohenden begründet sein. Fragt man aber nach dem dogmatischen Fundament hierfür, offenbaren sich die Mißlichkeiten: Ist Werkzeug der Eingreifende, obwohl er selbst als unmittelbarer Täter (wegen der Unwirksamkeit der Einwilligung) haften soll? Das wäre mit dem Verantwortungsprinzip nicht zu vereinbaren, wonach mittelbare Täterschaft ausgeschlossen ist, wenn der Tatmittler selbst voll verantwortlich ist. Darüberhinaus dürfte dem Täuschenden (hier V) gegenüber dem Eingreifenden auch die Tatherrschaft fehlen. Damit bleibt nur die Möglichkeit, den Dispositionsbefugten (S) als Tatmittler i.S.d. § 25 I 2. Alt. StGB anzusehen. Dieser hat sich aber weder selbst verletzt noch hat er - nach üblicher Lehre - einen anderen wirksam ermächtigt, in seine Güter einzugreifen. Es läßt sich daher schwerlich davon sprechen, der Täuschende etc. habe die Tat "durch" den Gutsinhaber begangen. Die Annahme der Unwirksamkeit der Einwilligung schließt somit eine sinnvolle Lösung aus. Bestechend einfach hingegen löst sich der Fall, wenn man wie hier die Einwilligung als wirksam betrachtet. Der Vater hat infolge der Täuschung zurechenbar eine Situation geschaffen, in der die eigene Verantwortlichkeit des Gutsinhabers S ausgeschlossen ist. V benutzt daher den S als menschliches Werkzeug und haftet dementsprechend als mittelbarer Täter wegen Köperverletzung.

Über die mittelbaren Täterschaft gelingt es daher, auch in Drei-Personen-Verhältnissen, in denen Eingreifender und Täuschender oder der sonst Zuständige nicht identisch sind, die Verantwortungsbereiche sinnvoll voneinander abzugrenzen.

137 Vgl. Jakobs AT (2. Auflage), 7/12: Allein durch die Befolgung der Einwilligung maße sich der Eingreifende keine ihm fremde Organisationsmacht an.

## 4. Teil: Erfordernis der Objektivierung und die Bindungswirkung der Einwilligung

### A. Problemstellung

Von den Wirksamkeitsvoraussetzungen der hier gegenständlichen Einwilligung wurden bislang die Komplexe Einwilligungsmöglichkeit, Einwilligungsfähigkeit sowie die aufgrund von Willensmängeln zustandegekommene Einwilligung erarbeitet. Zu klären ist aber noch, ob man von einer Einwilligung bereits dann sprechen kann, wenn der Dispositionsbefugte den Eingriff in seine Güter rein innerlich will (sog. Willensrichtungstheorie[1]). Oder setzt die Einwilligung eine zumindest konkludente Einwilligungserklärung in dem Sinne voraus, daß sie nach außen - nicht notwendig gegenüber dem Eingreifenden - kundbar geworden sein muß (sog. Erklärungstheorie[2]). Diese Frage lebt notwendig nur dann auf, wenn nicht bereits Spezialvorschriften wie z.B. §§ 40 II Nr. 2, 41 Nr. 6 ArzneimittelG[3] eine besondere Form der Einwilligung verlangen.

Untersucht werden muß schließlich, ob dann, wenn eine entsprechende Erklärung des Dispositionsbefugten vorliegt, er sich an dieser Erklärung festhalten lassen muß oder ob trotz der Erklärung die Einwilligung frei widerruflich ist.

1 Vgl. Schrey, S. 21 f.; Jakobs AT, 7/115; SK/Samson, Vor § 32 Rdn. 42; Schmidhäuser, Studienbuch, 5/126; Noll, S. 134; Schlehofer, S. 80; ebenso KG JR 1954, 428, 429.

2 Vgl. Sch-Sch/Lenckner, Vor § 32 Rdn. 43; LK/Hirsch, Vor § 32 Rdn. 109; Dreher/Tröndle, Vor § 32 Rdn. 3 b; Lackner, § 226 a Anm. 2 b aa; Jescheck, § 34 IV 2; Maurach/Zipf AT 1, § 17 Rdn. 59. Die von Zitelmann, AcP 99, 62 begründete strenge Willenserklärungstheorie, nach der die Einwilligung Zugang an den Täter im zivilrechtlichen Sinne voraussetzte, wird heute nicht mehr vertreten, vgl. dazu bereits oben 1. Teil, B.

3 Vom 24. August 1976, BGBl. I, S. 2445.

## B. Die Form der Einwilligung

### *I. Meinungsstand und Begriffsklärung*

Das Problem, ob die Einwilligung einer bestimmten Form bedarf, wird in der Literatur mitunter nicht sauber unterschieden von einem weiteren Fragenkomplex: Wie wirkt sich auf die Strafbarkeit des Eingreifenden aus, wenn er das Vorliegen einer Einwilligung nicht kennt? Zur Verdeutlichung diene folgendes Beispiel[4]: A sägt heimlich bei Nacht einen seinen Ausblick störenden Baum seines Nachbarn N ab. Dabei wird er aber - ohne sein Wissen - von dem N beobachtet, der das Verhalten des A innerlich billigt, weil ihm so die bereits in Aussicht genommene Arbeit, den Baum zu fällen, abgenommen wird. In solchen Fallkonstellationen sind zwei Fragen zu klären: zum einen, ob die innerliche Zustimmung des N ausreicht, um überhaupt von einer Einwilligung sprechen zu können. Verneint man das, ist A wegen *vollendeter* Sachbeschädigung strafbar. Läßt man dagegen die innerliche Zustimmung genügen, liegt zwar eine wirksame Einwilligung vor; daraus folgt aber nicht notwendig die Straflosigkeit des Eingreifenden. Hier tritt das weitere Problem auf, welche Rechtsfolgen sich an die fehlende Kenntnis vom Vorliegen einer Einwilligung knüpfen. Sieht man die Einwilligung als Rechtfertigungsgrund an, steht das Erfordernis eines subjektiven Rechtfertigungselements in Rede. Weiß der Täter nicht, daß sein Verhalten gerechtfertigt ist, ist er nach ganz überwiegender Meinung nur wegen Versuchs zu bestrafen[5]; A wäre demnach nur wegen *versuchter* Sachbeschädigung strafbar. Zu diesem Ergebnis gelangt man auch dann, wenn - wie hier - das Nichtvorliegen der Einwilligung als negativ gefaßtes Tatbestandsmerkmal betrachtet wird. Wenn sich der Täter (hier A) dieses Tatbestandsmerkmal irrig vorstellt, verwirklicht er einen (untauglichen) Versuch.

Die Eigenständigkeit der beiden angesprochenen Probleme sollte bereits in der Terminologie zum Ausdruck gebracht werden. Bei den Begriffen Erklärungstheorie und Willensrichtungstheorie geht es ausschließlich um das Problem der Objektivierung der Einwilligung. Es ist daher wenig hilfreich, wenn beispielsweise *Geerds*[6] den Inhalt der Er-

4 Das Beispiel ist angelehnt an Geerds, GA 1954, 264.

5 Vgl. ausführlich zum Streitstand Sch-Sch/Lenckner, Vor § 32 Rdn. 13 ff.

6 GA 1954, 264; denselben Fehler macht auch Schmidhäuser, Studienbuch, 5/126; mißverständlich auch Zipf, Einwilligung, S. 50, der ansonsten die hier geforderte Trennung beachtet, S. 47; vgl. auch Maurach/Zipf AT 1, § 17 Rdn. 61 ff.

klärungstheorie dahingehend umschreibt, daß der Täter in Kenntnis der Einwilligung gehandelt haben müsse und der Willensrichtungstheorie unterstellt, die bloß innere Zustimmung des Dispositionsbefugten führe zur Straflosigkeit des Eingreifenden. Ebenso mißverständlich und irreführend ist die Einschätzung von *Geppert*[7], der den Meinungsstreit zwischen der Erklärungstheorie und der Willensrichtungstheorie als Scheinproblem bezeichnet, das gegenüber der Problematik der Unkenntnis des Eingreifenden vom Vorliegen der Einwilligung keine selbständige Bedeutung habe. Die eigenständige Bedeutung wird sofort klar, wenn man den Beispielsfall betrachtet: Nach der sog. Erklärungstheorie muß die Einwilligung auf irgendeine Art und Weise nach außen kundbar geworden sein, damit sie überhaupt Wirkungen entfalten kann. Da ein bloßes Geschehenlassen oder Dulden für diese Kundbarmachung nicht genügt[8], müßte bereits aus diesem Grunde eine Strafbarkeit des A wegen vollendeter Sachbeschädigung angenommen werden, ohne daß es auf die Problematik des subjektiven Rechtfertigungselements ankommen würde.

### *II. Maßgeblichkeit des inneren Willens als Folge des materiellen Grundgedankens der Einwilligung*

Das Problem der Objektivierung der Einwilligung bereitet keine Schwierigkeiten, wenn man sich den materiellen Grundgedanken, auf dem die rechtliche Anerkennung der Einwilligung beruht, vergegenwärtigt. Diesen Grundgedanken stellt das Selbstbestimmungsrecht dar. Straftatbestände, die Individualrechtsgüter als Schutzgegenstand aufweisen, schützen diese Güter nicht um ihrer selbst willen, sondern als Möglichkeiten zur Selbstverwirklichung des Rechtsgutsträgers. Ist der Gutsinhaber mit der Gutsverletzung durch einen anderen einverstanden, so stellt sich die Verletzung des Guts gerade als Ausdruck der freien Entfaltung der Persönlichkeit dar - von einer Rechtsgutsverletzung kann daher nicht gesprochen werden. Dem Selbstbestimmungsrecht des einzelnen wird aber

7 ZStW 83, 955; die eigenständige Bedeutung des Meinungsstreits leugnet auch Kientzy, S. 127; Stratenwerth AT, Rdn. 385 f. verweist ebenfalls auf die allgemeine Problematik des subjektiven Rechtfertigungselements, ohne den Streit zwischen der Willensrichtungs- und der Erklärungstheorie zu entscheiden; klarstellend aber Welzel, S. 97.

8 So ausdrücklich Sch-Sch/Lenckner, Vor § 32 Rdn. 45.

bereits Genüge getan, wenn er die Gutsverletzung will. Demgegenüber ist sekundär, ob dieser Wille irgendwie in der Außenwelt in Erscheinung getreten ist, etwa in einer Erklärung Ausdruck gefunden hat. Soll etwa in dem eingangs aufgeführten Beispiel das Vorliegen einer Einwilligung wirklich davon abhängen, ob N seiner neben ihm stehenden Frau gesagt hat, er sei mit dem Absägen des Baumes einverstanden? Dies wäre die Konsequenz der sog. Erklärungstheorie, obwohl doch in beiden Fällen - bei Kundbarmachung wie bei mangelnder Kundbarmachung - aufgrund des zustimmenden Willens des A von einer Autonomieverletzung nicht gesprochen werden kann. Soweit überhaupt[9] ein Argument für die Erklärungstheorie angeführt wird, verweist man auf die Rechtssicherheit: ein bloßer Wille sei mangels Feststellbarkeit nicht zur Anknüpfung von Rechtsfolgen geeignet[10]. Was damit gemeint ist, bleibt aber weitgehend ungeklärt. Soll damit zum Ausdruck gebracht werden, daß die hier favorisierte Willensrichtungstheorie zu Beweisschwierigkeiten führt? Daß innere Vorgänge schwerer nachzuweisen sind als äußere Tatsachen, ist unstreitig. Nicht angängig ist aber, eine Rechtsfrage - hier die Frage nach dem Vorliegen einer Einwilligung - von der Beweisfrage abhängig zu machen. Ansonsten müßte auf sämtliche subjektiven Tatbestandsmerkmale, insbesondere auf den Vorsatz, verzichtet werden[11]. So gehen denn auch die Vertreter der Erklärungstheorie bei der parallelen Problematik des sog. Einverständnisses - etwa in die Wegnahme i.S.d. § 242 StGB - davon aus, daß die bloß innere Zustimmung ausreicht[12], obwohl sich doch auch hier das Problem der Beweisbarkeit und der Rechtssicherheit in gleicher Weise stellt[13]. Zudem geben die Vertreter der Erklärungstheorie ihren eigenen Ausgangspunkt auf, wenn sie die Entscheidung, ob ein Nichteinschreiten des Eigentümers gegen eine Sachbeschädigung als konkludente Einwilligungserklärung zu werten ist oder nicht, davon abhängig machen wollen, *warum* der Eigentümer nicht eingeschritten ist[14]. Ob er den "Eingriff in seine Rechtsgüter nur deshalb geschehen läßt,

9 Häufig findet sich die bloße Feststellung, der vermittelnden Erklärungstheorie, die mittlerweile h.M. sei, zu folgen, so etwa Jescheck, § 34 IV 2 (S. 343), Dreher/Tröndle, Vor § 32 Rdn. 3 b , Lackner, § 226 a Anm. 2 b aa.

10 Sch-Sch/Lenckner, Vor § 32 Rdn. 43; Roxin, Einwilligung, S. 36, 39.

11 Siehe auch Schrey, S. 18.

12 Vgl. LK/Hirsch, Vor § 32 Rdn. 102; BayObLG NJW 1979, 729; a.A. aber neuerdings Roxin, Einwilligung, S. 38.

13 Darauf weist Schlehofer, S. 80 zu Recht hin.

14 Vgl. Sch-Sch/Lenckner, Vor § 32 Rdn. 45.

weil er ein Einschreiten für zwecklos hält[15]"(!), kann doch nur bei Rekurrierung auf den inneren Willen des Eigentümers festgestellt werden.

Im Hinblick auf den materiellen Grundgedanken der Einwilligung ist der Willensrichtungstheorie der Vorzug zu geben.

## C. Die Bindungswirkung der Einwilligung

### *I. Ausgangspunkt: Freie Widerruflichkeit*

Die Einwilligung ist - wie bereits ausgeführt - keine rechtsgeschäftliche Willenserklärung i.S.d. BGB, sondern eine tatsächliche Handlung, die ihre Anerkennung dem Selbstbestimmungsrecht des einzelnen verdankt. Deshalb wird die Einwilligung zu Recht als grundsätzlich frei widerruflich angesehen, ohne daß es dazu einer fömlichen Anfechtung i.S.d. §§ 119 ff. BGB bedarf[16]. Entscheidend ist, ob der Dispositionsbefugte zur Zeit der Handlung des Eingreifenden mit der Gutsverletzung einverstanden ist, diese also will. Ob der Gutsinhaber früher einmal den Eingriff wollte, ist demgegenüber irrelevant, so daß das gänzliche Fehlen einer Einwilligung einer zunächst zwar erteilten, dann aber widerrufenen Einwilligung rechtlich gleichsteht. Auf eine Einwilligung kann sich der Eingreifende deshalb im Falle eines Widerrufs nicht berufen.

Soweit allerdings der Widerruf nicht gegenüber dem Empfänger der Einwilligungerklärung erfolgt und dieser im Vertrauen auf die Erklärung in die Güter des Dispositionsbefugten eingreift, gelten dieselben Haftungsbeschränkungen, die oben für den Fall des Fehlens einer Einwilligung trotz einer anders lautenden Erklärung entwickelt wurden. Regelmäßig scheidet eine Strafbarkeit mangels Kenntnis (Vorsatz) bzw. Erkennbarkeit (Fahrlässigkeit) des Widerrufs aus. Darüberhinaus wird die Haftung des Eingreifenden durch die eigene Organisationszuständigkeit des Dispositionsbefugten begrenzt, der durch die Erklärung der Einwilligung den Eingreifenden in seinen Organisationskreis miteinbezieht.

15 So die wörtliche Formulierung von Roxin, Einwilligung, S. 37; vgl. auch Sch-Sch/Lenckner, Vor § 32 Rdn. 45.

16 Vgl. Sch-Sch/Lenckner, Vor § 32 Rdn. 44; LK/Hirsch, Vor § 32 Rdn. 113; Dreher/Tröndle, Vor § 32 Rdn. 3 b; Lackner, § 226 a Anm. 2 a; Jakobs AT, 7/115 i.V.m. 110; Baumann/Weber, § 21 II f b; Wessels, § 9 I 3 f; Schmidhäuser, Studienbuch 5/124; Welzel, S. 96.

## *II. Fallgruppen angeblicher Unwiderruflichkeit der Einwilligung*

In der Literatur werden aber Fallkonstellationen angeführt, in denen der Widerruf einer Einwilligung nicht möglich bzw. unwirksam sein soll; in Ausnahmefällen soll eine Einwilligung also auch dann vorliegen können, wenn das Verhalten des Eingreifenden nicht dem Willen des Dispositionsbefugten entspricht.

### *1. Praktische Schwierigkeiten bei der Rückgängigmachung der Eingriffshandlung*

Ein Widerruf der Einwilligung soll zunächt nicht möglich sein, wenn die Handlung des Eingreifenden schon so weit fortgeschritten sei, daß ihre Rückgängigmachung praktisch ausscheide[17]. Als Beispiel wird hier der nach Antritt einer Flugreise erfolgte Widerruf eines Passagiers angeführt[18]. Die in diesem Beispielsfall bestehenden praktischen Schwierigkeiten werden zur tatsächlichen Unmöglichkeit der Rückgängigmachung, wenn der Flugpassagier etwa über dem Atlantik die Freiheit der Ortsveränderung einfordert[19].

Regelmäßig wird in solchen Fällen zwischen dem Dispositionsbefugten und dem Eingreifenden eine vertragsmäßige Beziehung (z.B. ein Beförderunsvertrag) bestehen, so daß die Bindungswirkung der Einwilligung auch damit begründet werden könnte[20]. Eigenständige Bedeutung erlangt diese Fallgruppe aber beim Fehlen eines Vertrags, so etwa, wenn sich A gegenüber seinem Bekannten B bereit erklärt, diesen in seinem Privatjet mitzunehmen, B aber seine Einwilligung in die Freiheitsberaubung während des Flugs widerruft und auf eine nicht vorgesehene Zwischenlandung besteht.

### *2. Einwilligung als Bestandteil eines Vertrages*

Der Grundsatz der freien Widerruflichkeit der Einwilligung soll darüber hinaus auch dann eine Einschränkung erfahren, wenn die Einwilligung

17 LK/Hirsch, Vor § 32 Rdn. 113; vgl. auch schon Traeger, GS 94, 138 Fn. 1: Widerruf zur Unzeit.

18 Vgl. LK/Hirsch, Vor § 32 Rdn. 113; Traeger, GS 94, 139 Fn 1; Noll, S. 132.

19 So die Fallgestaltung bei Baumann/Weber, § 21 II 4 b;

20 In diesem Sinne wird der Fall von Noll, S. 132 gelöst: Rechtmäßigkeit aufgrund einer vertraglich begründeten Verpflichtung.

zugleich als rechtswirksame Erklärung nach allgemeinen Grundsätzen des bürgerlichen Rechts binde[21]. Wenn also dem Pächter P von dem Verpächter V in einem Pachtvertrag das Recht eingeräumt wird, bestimmte Bäume zu fällen, so ist demnach die Rodung der Bäume auch dann durch eine Einwilligung des V gedeckt, wenn dieser seine Einwilligung vor dem Roden gegenüber P widerruft[22].

Mit der Erstreckung der Bindungswirkung des schuldrechtlichen Vertrages auf die Einwilligung könnte man auch die Unbeachtlichkeit des Widerrufs im Rahmen eines Beförderungsvertrages begründen, so daß die im Bus-, Bahn- und Flugverkehr erfolgenden Freiheitsbeschränkungen i.S.d. § 239 StGB auch im Falle eines Widerrufs durch eine Einwilligung gedeckt wären. Dies würde - im Unterschied zur oben unter 1. behandelten Fallgruppe - sogar dann gelten, wenn die Rückgängigmachung der Eingriffshandlung ohne größere Schwierigkeiten möglich wäre. Beispiel: Ein Passagier P eines Linienbusses widerruft 500 m vor der Bushaltestelle seine Einwilligung und möchte so den Busfahrer zum Halten bewegen - was unproblematisch möglich wäre. P möchte sich auf diese Weise den Fußweg zu seiner Wohnung verkürzen. Wegen der rechtsgeschäftlichen Bindung könnte man den Widerruf des P als unwirksam und das Verhalten des Busfahrers, der entgegen dem Wunsch des P weiterfährt, als durch die Einwilligung gedeckt ansehen.

### *III. Eigene Problemlösung ohne systemwidrige Heranziehung des Rechtsinstituts der Einwilligung*

In den angeführten Fallkonstellationen ist das Ergebnis - Straflosigkeit des Eingreifenden trotz Widerrufs der Einwilligung - unstreitig. Die hierzu angebotenen Begründungen müssen jedoch unter Einwilligungsgesichtspunkten auf Bedenken stoßen. Infolge des Widerrufs entspricht das Verhalten des Eingreifenden nicht dem tatsächlichen Willen des Dispositionsbefugten, so daß es auch nicht von einer Einwilligung gedeckt sein kann[23]. Die Ausnahmen von der freien Widerruflichkeit der Einwilligung stellen daher im Rahmen der Einwilligungsdogmatik eine System-

21 Vgl. Jakobs AT, 7/115 i.V.m. 110; LK/Hirsch, Vor § 32 Rdn. 113; so auch noch Sch-Sch/Lenckner[22.], Vor § 32 Rdn. 44.

22 Beispiel von Weber, H.-D., S. 19.

23 Berechtigte Kritik auch schon bei Traeger, GS 94, 137; neuerdings auch Weber, H.-D., S. 69.

widrigkeit dar. Die angeführten Problemfälle lassen sich aber auch bei Beibehaltung des Prinzips der freien Widerruflichkeit sinnvoll lösen.

### *1. Beurteilung der unterbliebenen Rückgängigmachung der Eingriffshandlung nach Unterlassungsgrundsätzen*

Betrachtet man den oben angeführten Fall des Flugpassagiers, der nach Antritt der Flugreise mit seinem Bekannten seine Einwilligung widerruft, etwas schärfer, so kommt eine Haftung des Piloten wegen Freiheitsberaubung nur nach Unterlassungsgrundsätzen in Betracht. Das Einschließen als solches ist ja von der Einwilligung des Passagiers gedeckt. Tatbestandsmäßiges Verhalten i.S.d. § 239 StGB könnte daher nur das Nichtbefreien des P sein. Eine Unterlassungstat setzt zunächst - neben dem Eintritt des tatbestandsmäßigen Erfolges - eine Erfolgsabwendungsmöglichkeit voraus. Soweit dem Unterlassenden die erforderliche Handlung objektiv unmöglich ist, scheidet eine Haftung folglich aus. Deshalb leuchtet unmittelbar ein, daß eine Strafbarkeit des Piloten im Beispielsfall jedenfalls dann entfällt, wenn die von dem Passagier geforderte Landung gar nicht möglich war[24]. Ein Abweichen von dem Grundsatz der freien Widerruflichkeit der Einwilligung ist daher entbehrlich.

Die stringente Anwendung der Unterlassungsgrundsätze erweist sich auch dann als tragfähig, wenn eine Abwendungsmöglichkeit besteht, so etwa, wenn der Passagier auf einer zwar möglichen, aber nicht vorgesehenen Zwischenlandung besteht. Gem. § 13 StGB kann Täter eines Unterlassungsdelikts nämlich nur der Träger einer Garantenpflicht sein. Woraus soll sich aber in dem Beispielsfall eine entsprechende Pflicht des Piloten zum Befreien des Passagiers und damit zum Landen der Maschine ergeben? Man könnte zunächst an eine Rettungspflicht aus Ingerenz denken, da der Pilot durch sein vorangegangenes Tun die Gefahr der weiteren Freiheitsbeschränkung in Gestalt des Nichtlandens geschaffen hat. Dieses vorangegangene Tun entsprach aber genau dem Willen des Passagiers, war also als solches rechtmäßig. Zwar kann nach einem Teil der Literatur[25] unter bestimmten Voraussetzungen auch rechtmäßiges

24 Im Ergebnis ebenso wie hier, allerdings nicht auf den Unterlassungsaspekt abstellend, Jakobs AT, 7/110.

25 Vgl. Jakobs AT, 29/39 ff. mit umfassenden Nw. aus Rechtsprechung und Literatur, insbesondere 29/43.

Vorverhalten eine Haftung aus Ingerenz begründen, insbesondere in Fällen des aggressiven Notstands. Ingerenz ist aber mit der ganz herrschenden Meinung jedenfalls dann abzulehnen, wenn dem Gefährdeten *selbst* die Notwendigkeit zu einem Eingriff zugerechnet werden kann und demgemäß die Folgen des vorangegangenen Verhaltens seinem eigenen Organisationskreis zugeschlagen werden können[26]. Dies gilt zum einen, wenn das Vorverhalten durch Notwehr gerechtfertigt ist[27]. Die Zuständigkeit des Gefährdeten folgt hier aus dem von ihm geführten Angriff. Entsprechendes muß aber dann gelten, wenn das Vorverhalten durch eine Einwilligung des (später) Gefährdeten gedeckt ist. Auch hier ist der Gefährdete für die Folgen des von ihm gewollten vorangegangenen Tuns selbst verantwortlich. Eine Rettungspflicht qua Ingerenz besteht folglich nicht.

Zu denken ist noch an eine Garantenpflicht kraft Übernahme[28]. Die Reichweite dieser Pflicht hängt im Beispielsfall davon ab, inwieweit es der Pilot tatsächlich übernommen hat, für den Schutz der Fortbewegungsfreiheit des Passagiers zu sorgen. Dies richtet sich wiederum nach den vor dem Flug getroffenen Vereinbarungen. Erklärt sich etwa der Pilot bereit, den Passagier auf dessen Wunsch hin auf dem Flug von Köln nach Frankfurt mitzunehmen, so ist er verpflichtet, diesen in Frankfurt abzusetzen. Sobald der Pilot sich weigert, in Frankfurt zu landen und beispielsweise nach München weiterfliegt, macht er sich - die weiteren Haftungsvoraussetzungen unterstellt - wegen einer Freiheitsberaubung durch Unterlassen strafbar. Insoweit liegt also eine Garantenpflicht kraft tatsächlicher Übernahme vor. Falls aber von vorneherein ein Flug von Köln nach München geplant war, der Passagier aber nach dem Widerruf seiner Einwilligung eine Zwischenlandung in Frankfurt verlangt, scheidet mangels einer Garantenpflicht eine Haftung des Piloten gem. den §§ 239, 13 StGB aus. In Unglücksfällen bleibt stets zumindest die Haftungsmöglichkeit gem. § 323 c StGB[29]. Bei Heranziehung der allgemeinen Regeln des Unterlassungsdelikts lassen sich also auch die Fälle sinn-

26 Jakobs AT, 29/43.

27 Vgl. BGHSt 23, 327 f.

28 Vgl. zu dieser Garantenpflicht Sch-Sch/Cramer, § 13 Rdn. 26 ff.; Jakobs AT, 29/46 ff.

29 So etwa in dem von Traeger, GS 94, 139 Fn.1 gebildeten Beispiel: Das Leben des Insaßen ist infolge eines heftigen Blutsturzes gefährdet.

voll lösen, in denen die Rückgängigmachung der Eingriffshandlung ohne weiteres möglich ist[30].

Zu berücksichtigen ist allerdings, daß die hier aufgestellten Kriterien ebenso bei den Begehungsdelikten Gültigkeit beanspruchen. Wenn also ein Fahrgast nach Schließen der Bordtür wieder aussteigen möchte - was er *allein* könnte - der Pilot dies aber durch das Starten der Maschine vereitelt und damit *handelt*, scheidet eine Strafbarkeit mangels Garantenpflicht ebenfalls aus[31].

Die hier vorgeschlagene Problemlösung harmonisiert darüberhinaus mit einer Fallkonstellation, die in der Literatur gänzlich unerörtert bleibt: der Widerruf der Einwilligung nach Versuchsbeginn[32]. Beispiel: A bittet seinen Freund B um die Tötung seines Hundes. Als der Hund nach dem von B abgefeuerten Schuß wider Erwarten noch lebt, bereut A seinen Entschluß und bittet den B nunmehr, den Hund zum Tierarzt zu bringen, da er selbst nicht motorisiert sei. B weigert sich mit der Folge, daß der Hund stirbt. Ein Tierarzt hätte sein Leben noch retten können. Eine Strafbarkeit des B wegen einer Sachbeschädigung durch Unterlassen scheitert bereits am Vorliegen einer Garantenpflicht, so daß sich auch hier eine etwaige Frage nach der Bindungswirkung der Einwilligung nicht stellt.

### 2. *Der zivilrechtliche Vertrag als eigenständiger Rechtfertigungsgrund*

Nach dem bislang Festgestellten erlangt die Frage der Bindungswirkung der Einwilligung als Teil eines zivilrechtlichen Vertrages eigenständige Bedeutung, wenn der Dispositionsbefugte *vor* der Eingriffshandlung des Täters seine Einwilligung widerruft.

Auch hier kann sich zunächst der trotz des Widerrufs Eingreifende auf eine Einwilligung nicht berufen, da ein zustimmender Wille des Gutsinhabers fehlt. Eine Strafbefreiung kann sich aber aus dem Vertrag *als sol-*

30 Ein weiterer, denkbarer Lösungsvorschlag findet sich bei Jakobs AT, 7/110 und Noll, S. 133: Vorliegen einer Notstandslage bei Widerruf der Einwilligung.

31 Vgl. zum Erfordernis einer Garantenstellung auch bei den Begehungsdelikten Jakobs AT 7/56 ff.

32 Diskutiert wird lediglich die Erklärung der Einwilligung nach Versuchsbeginn, vgl. nur Sch-Sch/Lenckner, Vor § 32 Rdn. 44. In diesem Fall bleibt unstr. eine Versuchsstrafbarkeit bestehen.

*chem* ergeben. Zwischen der Bindung an eine Einwilligung und der Bindung an einen Vertrag ist also zu unterscheiden[33]. Zwar könnte man theoretisch auch die Einwilligung als unwiderruflich ansehen und so zu demselben Ergebnis kommen. Die Unwiderruflichkeitsthese stellt aber einen Bruch in der Einwilligungsdogmatik dar, den man bei der Anerkennung der strafbefreienden Wirkung eines Vertrages vermeiden kann. Zudem bringt dieser Lösungsweg besonders deutlich zum Ausdruck, daß die Wirksamkeitsvoraussetzungen allein nach Bürgerlichem Recht zu bestimmen sind. So ändert beispielsweise die Sittenwidrigkeit der Einwilligung als solche nichts an ihrer Wirksamkeit, während die Sittenwidrigkeit einer Willenserklärung zur Nichtigkeit gem § 138 BGB führt. Ein Vertrag kann nur unter den Voraussetzungen der §§ 104 ff. BGB geschlossen werden; bei der Einwilligung reicht dagegen die natürliche Einsichtsfähigkeit aus. Die Aufzählung ließe sich fortsetzen[34].

Allerdings kann ein Vertrag nicht generell strafbefreiend wirken. Hier müssen einige Hinweise genügen. Gegenstand einer rechtsgeschäftlichen Bindung können nur Vermögensgüter und sonstige Güter mit geringem Persönlichkeitsbezug sein[35]. Durch die Anerkennung des Vertrages als Rechtfertigungsgrund darf darüberhinaus das staatliche Gewaltmonopol nicht konterkariert werden. Deshalb können durch einen Vertrag nur Eingriffe in solche Güter gerechtfertigt werden, auf die sich eine entsprechende *Duldungspflicht* des Vertragspartners bezieht[36]. Hat sich etwa ein Nachbar verpflichtet, eine Grenzmauer einzureißen, so ist das eigenmächtige Einreißen durch den Vertragspartner nicht durch den Vertrag gerechtfertigt[37]. Bezüglich weiterer Einzelheiten kann auf die jüngst erschienene Monographie von *H.-D. Weber* verwiesen werden.

### *3. Ergebnis*

Die Einwilligung ist *stets* frei widerruflich. Die von der Literatur gemachten Ausnahmen betreffen demgegenüber sämtlich Fälle, in denen

33 So schon Traeger, GS 94, 137; Noll, S. 132 f.; Welzel, S. 97; aus neuerer Zeit Schenke, S. 106 f; Weber, H.-D., S. 69 f.; ihm folgend neuerdings auch Sch-Sch/Lenckner, Vor § 32 Rdn. 53 und Jakobs AT, (2. Auflage) 7/110.

34 Vgl. Schenke, S. 108; Weber, H.-D., S. 73 f.

35 Sch-Sch/Lenckner, Vor § 32 Rdn. 53; Weber, H.-D., S. 72, 115 ff.

36 Sch-Sch/Lenckner, Vor § 32 Rdn. 53.

37 Beispiel von Sch-Sch/Lenckner, Vor § 32 Rdn. 53.

die Straflosigkeit des Eingreifenden bereits aus anderen Gründen eintritt. Soweit die Rückgängigmachung einer bereits erfolgten Eingriffshandlung unterbleibt, scheidet eine Haftung mangels Abwendungsmöglichkeit bzw. mangels einer entsprechenden Garantenpflicht aus. Ist die Einwilligung Bestandteil eines zivilrechtlichen Vertrages, ergibt sich eine Bindungswirkung nur aus dem Vertrag als solchem, während die Einwilligung frei widerruflich bleibt.

# Thesen

1. Die rechtliche Anerkennung der Einwilligung folgt unmittelbar aus dem Selbstbestimmungsrecht des einzelnen. Über diesen materiellen Grundgedanken der Einwilligung besteht Einigkeit. Streitig diskutiert allerdings wird, wie sie dogmatisch einzuordnen ist.
2. Die Abhängigkeit der Einwilligung vom Selbstbestimmungsrecht des einzelnen gebietet zweierlei:
   Zum einen ist die Einwilligung nur beschränkt auf die Tatbestände anwendbar, die Individualrechtsgüter schützen; zum anderen ist die Einwilligung durch ihre Erfolgsbezogenheit charakterisiert. Denn Ausdruck des Selbstbestimmungsrechts des Dispositionsbefugten ist der eingetretene Erfolg nur, wenn er konkret auch gewollt ist. Im Bereich der Fahrlässigkeitsdelikte fehlt es regelmäßig hieran. Es bleibt aber im Rahmen der objektiven Zurechnung eine Haftungsbefreiung denkbar, indem die Rechtsinstitute des erlaubten Risikos und des Handelns auf eigene Gefahr hinzugezogen werden.
3. Soweit der einzelne über das eigene Leben verfügt, sind der Einwilligung durch § 216 StGB Grenzen gezogen. Dies läßt sich angesichts der Tatbestandslosigkeit der Selbsttötung weder staatsutilitaristisch noch paternalistisch erklären. Wird die These von der Unantastbarkeit fremden Lebens zugrundegelegt, gelingt nicht, das Opferverhalten bei der fahrlässigen Tötung in angemessener Weise zu berücksichtigen. Die Regelung des § 216 StGB findet demgegenüber ihren inneren Grund und gleichzeitig ihre Berechtigung in tief verwurzelten Wertvorstellungen unserer Gesellschaft, gegen die eine Fremdtötung trotz Einwilligung verstößt. Diesen tief verwurzelten Wertvorstellungen hat der Gesetzgeber als Gemeingut Rechnung getragen und ein Verhalten hiergegen um den Erhalt des sozialen Friedens willen pönalisiert.
   Möglich bleibt aber - insbesondere im Bereich der Euthanasieproblematik - eine Strafbefreiung des Fremdtötenden analog § 34 StGB, wenn über den bloßen Willen des Gutsinhabers hinaus notstandsähnliche Gesichtspunkte hinzutreten.

4. Auf tief in der Gesellschaft institutionalisierten Kulturnormen beruht auch die Einwilligungsgrenze, die § 226 a StGB hinsichtlich des Rechtsguts der körperlichen Integrität statuiert. Bei erheblichen Beeinträchtigungen der körperlichen Integrität, die einen dem § 224 StGB entsprechenden Schweregrad erreichen, ändert eine bloße Einwilligung nichts an der allgemeinen Erwartung der Unzulässigkeit dieses Verhaltens. Möglich bleibt aber auch hier eine Rechtfertigung analog § 34 StGB, wenn neben der Einwilligung eine der Interessenabwägung beim Notstand entsprechende Situation gegeben ist. Nach dem hier formulierten Gesetzesvorschlag kommt diese Präzisierung der Einwilligungsgrenze auch im Wortlaut des § 226 a StGB zum Ausdruck.
5. Der Gedanke, der den §§ 216, 226 a StGB zugrundeliegt, ist auf die Freiheitsberaubung in dem Sinne zu übertragen, daß eine freie Dispositionsmöglichkeit nur bei kurzzeitigen, d.h. entsprechend § 239 II StGB eine Woche nicht überschreitenden Freiheitsentziehungen besteht. Eine Einwilligungsgrenze besteht auch bei besonders gravierenden Ehrverletzungen. Uneingeschränkt möglich ist eine Einwilligung dagegen bei Eigentums- oder Vermögensdelikten, da angesichts der Übertragungsmöglichkeit und der Straflosigkeit der Selbstschädigung ein Verbot der Fremdschädigung keine sinnvolle Funktion erfüllen könnte.
6. Die Frage der dogmatischen Einordnung des Rechtsinstituts Einwilligung ist im Sinne eines generellen Tatbestandsausschlusses zu entscheiden, da Individualrechtsgüter überhaupt nur geschützt werden, um dem Individuum die Selbstverwirklichung zu ermöglichen. Infolge der Einwilligung liegt ein Angriffsobjekt, das zerstört bzw. verletzt werden könnte, überhaupt nicht vor. Fehlt die freie Dispositionsmöglichkeit (§§ 216, 226 a StGB), bleibt eine Rechtfertigung durch eine modifizierte Anwendung des § 34 StGB möglich. Die Vorzüge der Tatbestandslösung werden auf diese Weise mit den Vorzügen der Rechtfertigungslösung verknüpft.
7. Die Einwilligungsfähigkeit richtet sich generell nach der natürlichen Einsichts- und Urteilsfähigkeit im Einzelfall. Dies gilt auch bei der Einwilligung von Minderjährigen in Vermögensrechtsverletzungen. Ein Konflikt zum Zivilrecht ergibt sich hierdurch nicht, da die generalisierten Regeln der §§ 104 ff. BGB auch im Zivilrecht nur für den rechtsgeschäftlichen Bereich gelten, aber keine Anwendung im Deliktsrecht gem. §§ 823 ff. BGB finden.

8. Bei der Behandlung von Willensmängeln ist zu unterscheiden:

a) Bei sog. rechtsgutsbezogenen Irrtümern weiß der Dispositionsbefugte überhaupt nicht, daß er ein Gut aufgibt, so daß von einer Einwilligung bereits nicht die Rede sein kann. Obgleich eine Einwilligung nicht in diesem Sinne erteilt wurde, kann sich bei Vorliegen einer entsprechenden Erklärung eine Haftungsbefreiung des Eingreifenden ergeben. Regelmäßig wird die Kenntnis bzw. die Erkennbarkeit des Nichtvorliegens einer Einwilligung fehlen, so daß ein Vorsatz- bzw. Fahrlässigkeitsvorwurf nicht erhoben werden kann. Darüberhinaus ist die eigene Organisationszuständigkeit des Eingriffsopfers zu berücksichtigen.

b) Sonstige Willensmängel in Form von Täuschungen und Drohungen nehmen der Einwilligung nicht ihre Wirksamkeit. Täuschungen bzw. Drohungen können aber eine Haftung wegen mittelbarer Täterschaft begründen. Die Herausbildung der maßgeblichen Kriterien wird erleichtert, indem berücksichtigt wird, daß die Einwilligung in eine Fremdverletzung und die Selbstverletzung als zwei unterschiedliche Ausdrucksformen des Selbstbestimmungsrechts einander korrespondieren. Ob die Beteiligung an einer Selbstverletzung mittelbare Täterschaft begründet, richtet sich nach der Verantwortlichkeit des sich selbst Verletzenden. Die Verantwortlichkeit wird wiederum analog zu den im StGB enthaltenen Regeln rechtlicher Verantwortung bestimmt. Praktisch bedeutsam ist insbesondere eine Quasi-Rechtfertigung des Verletzten, von der analog § 34 StGB immer dann auszugehen ist, wenn der infolge der Selbstverletzung eingetretene Schaden nicht außer Verhältnis zu dem geschützten Interesse steht. Dieser Maßstab ist auch bei Drohungen bzw. Täuschungen anzuwenden, mit denen ein anderer zur Erteilung einer Einwilligung gebracht wird.

c) Die Konstruktion der mittelbaren Täterschaft bietet gegenüber der Annahme unmittelbarer Täterschaft zwei Vorteile: Zum einen können die Fälle sinnvoll gelöst werden, in denen die Täuschung bzw. Drohung von einer Person ausgeht, die mit dem Eingreifenden nicht identisch ist. Zum anderen läßt sich unproblematisch die Haftung desjenigen begründen, der eine Gefahr herbeigeführt hat, die er nicht mehr revozieren kann und den Dispositionsbefugten deshalb zur Erteilung der Einwilligung veranlaßt.

9. Zur Wirksamkeit der Einwilligung ist eine nach außen gedrungene Erklärung nicht erforderlich, da dem Selbstbestimmungsrecht des Individuums bereits Genüge getan ist, wenn der Dispositionsbefugte die

Verletzung bzw. Zerstörung seines Guts (innerlich) will. Von der Frage der Wirksamkeit der Einwilligung ist das Problem zu unterscheiden, ob volle Haftungsbefreiung des Eingreifenden Kenntnis des Vorliegens der Einwilligung voraussetzt. Nach der hier zur dogmatischen Einordnung der Einwilligung vertretenen Meinung ergibt sich dieses Erfordernis bereits daraus, daß das Fehlen der Einwilligung negativ gefaßtes Tatbestandsmerkmal aller Individualrechtsgüter schützender Tatbestände ist. Bei mangelnder Kenntnis vom Vorliegen einer Einwilligung bleibt eine etwaige Versuchsstrafbarkeit bestehen.

10. Als tatsächliche Handlung ist die Einwilligung jederzeit frei widerruflich. Trotz eines Widerrufs der Einwilligung kann aber die Strafbarkeit des Eingreifenden aus anderen Gründen ausgeschlossen sein. Soweit die Rückgängigmachung einer bereits erfolgten Eingriffshandlung unterbleibt, scheidet eine Haftung mangels Abwendungsmöglichkeit bzw. mangels einer entsprechenden Garantenpflicht aus. Soweit die Einwilligung Bestandteil eines zivilrechtlichen Vertrages ist, kann sich eine Bindungswirkung nur aus dem Vertrag als solchem ergeben, während die Einwilligung frei widerruflich bleibt.

# Literaturverzeichnis


Amelung, Knut: Die Einwilligung in die Beeinträchtigung eines Grundrechtsgutes. Eine Untersuchung im Grenzbereich von Grundrechts- und Strafrechtsdogmatik, Berlin 1981; zit.: Einwilligung.

ders.: Rechtsgüterschutz und Schutz der Gesellschaft, Frankfurt a.M. 1972; zit.: Rechtsgüterschutz.

ders.: Die Zulässigkeit der Einwilligung bei den Amtsdelikten. Zum Verhältnis von Staatsschutz und Individualschutz im deutschen Amtsstrafrecht, in: Festschrift für Hanns Dünnebier zum 75. Geburtstag, Berlin/New York 1982, S. 487 ff.

Arzt, Gunther: Die Delikte gegen das Leben, ZStW 83 (1971), S. 1 ff.

ders.: Willensmängel bei der Einwilligung, Frankfurt 1970; zit.: Willensmängel.

ders./Weber, Ulrich: Strafrecht, Besonderer Teil LH 1: Delikte gegen die Person, 2. Auflage, Bielefeld 1981.

Baumann, Jürgen/Weber,Ulrich: Strafrecht Allgemeiner Teil, 9. Auflage, Bielefeld 1985; zit.: Baumann/Weber.

Berner, Albert Friedrich: Lehrbuch des Deutschen Strafrechts, 18. Auflage, Leipzig 1898.

Berz, Ulrich: Die Bedeutung der Sittenwidrigkeit für die rechtfertigende Einwilligung, GA 1969, 145 ff.

Bichlmeier, Gerd: Die Wirksamkeit der Einwilligung in einen medizinisch nicht indizierten ärztlichen Eingriff, JZ 1980, 53 ff.

Bickelhaupt, Werner: Einwilligung in die Trunkenheitsfahrt, NJW 1967, 713 f.

Blei, Hermann: Strafrecht I. Allgemeiner Teil, 18. Auflage, München 1983; zit.: AT.

Bloy, René: Die Beteiligungsform als Zurechnungstypus im Strafrecht, Berlin 1985.

ders.: Freiheitsberaubung ohne Verletzung fremder Autonomie? Überlegungen zur Reichweite des Tatbestandes des § 239 Abs. 1 StGB, ZStW 96 (1984), 703 ff.

Bockelmann, Paul: Strafrecht, Allgemeiner Teil, 3. Auflage, München 1979.

ders./Volk, Klaus: Strafrecht, Allgemeiner Teil, 4. Auflage, München 1987; zit.: Bockelmann/Volk.

Boehmer, Gustav: Zum Problem der "Teilmündigkeit" Minderjähriger - Bemerkungen zu dem Urteil des IV. ZS des BGH v. 5. 12. 1958, MDR 1959, 383 in: MDR 1959, 705 ff.

Bohne: Anmerkung zu RG JW 1928, 2229 ff. in: JW 1928, 2229 ff.

Bottke, Wilfried: Probleme der Suizidbeteiligung, GA 1983, 22 ff.

ders.: Suizid und Strafrecht, Berlin 1982.

Brandts, Ricarda/Schlehofer, Horst: Die täuschungsbedingte Selbsttötung im Lichte der Einwilligungslehre, JZ 1987, 442 ff.

Bringewat, Peter: "Die Strafbarkeit der Beteiligung an fremder Selbsttötung als Grenzproblem der Strafrechtsdogmatik", ZStW 87 (1975), 623 ff.

Carstens,Thomas: Das Recht der Organtransplantation, Frankfurt a.M./Bern/Las Vegas 1978.

Dach, Ralf Peter: Zur Einwilligung bei Fahrlässigkeitsdelikten, jur. Diss. Mannheim 1979.

Dölling, Dieter: Fahrlässige Tötung bei Selbstgefährdung des Opfers, GA 1984, 71 ff.

Donatsch, Andreas: Die Selbstgefährdung des Verletzten im Strafrecht, SchZStr 105 (1988), 361 ff.

Dreher, Eduard/Tröndle, Herbert: Strafgesetzbuch und Nebengesetze, 44. Auflage, München 1988; zit.: Dreher/Tröndle.

Engisch, Karl: Die Strafwürdigkeit der Unfruchtbarmachung mit Einwilligung, in: Festschrift für Hellmuth Mayer zum 70. Geburtstag am 1. Mai 1965, Berlin 1966, S. 399 ff.

Ensthaler, Jürgen: Einwilligung und Rechtsgutspreisgabe beim Fahrlässigkeitsdelikt, jur. Diss. Göttingen 1983.

Eser, Albin: Zur strafrechtlichen Verantwortlichkeit des Sportlers, insbesondere des Fußballspielers, JZ 1978, 368 ff.

Fiedler, Ralf-Peter: Zur Strafbarkeit der einverständlichen Fremdgefährdung - unter besonderer Berücksichtigung des viktomologischen Prinzips, Frankfurt a.M./Bern/New York/Paris 1989.

Fischer, Gerfried: Medizinische Versuche am Menschen. Zulässigkeitsvoraussetzungen und Rechtsfolgen, Göttingen 1979.

Fischer, Thomas: Das Verhältnis der Bekenntnisbeschimpfung (§ 166 StGB) zur Volksverhetzung (§ 130 StGB), GA 1989, 445 ff.

Frisch, Wolfgang: Riskanter Geschlechtsverkehr eines HIV-Infizierten als Straftat? - BGHSt 36, 1 in: JuS 1990, 362 ff.

ders.: Tatbestandsmäßiges Verhalten und Zurechnung des Erfolges, Heidelberg 1988.

Gallas, Wilhelm: Beiträge zur Verbrechenslehre, Berlin 1968.

Geerds, Friedrich: Einwilligung und Einverständnis des Verletzten, jur. Diss. Kiel 1953.

ders.: Einwilligung und Einverständnis des Verletzten im Strafgesetzentwurf, ZStW 72 (1960), 42 ff.

ders.: Einwilligung und Einverständnis des Verletzten im Strafrecht, GA 1954, 262 ff.

Geilen, Gerd: Euthanasie und Selbstbestimmung, Tübingen 1975.

Geppert, Klaus: Rechtfertigende "Einwilligung" des verletzten Mitfahrers bei Fahrlässigkeitsstraftaten im Straßenverkehr? (Ein Beitrag zur dogmatischen Struktur der Einwilligung) ZStW 83 (1971), 947 ff.

ders.: Strafbares Verhalten durch - mögliche - Aidsübertragung? Jura 1987, 668 ff.

Hassemer, Winfried: Theorie und Soziologie des Verbrechens, 1972.

Herzberg, Rolf Dietrich: Beteiligung an einer Selbsttötung oder tödlichen Selbstgefährdung als Tötungsdelikt (Teil 4), JA 1985, 336 ff.

ders.: Täterschaft und Teilnahme, München 1977;

ders.: Mittelbare Täterschaft bei rechtmäßig oder unverboten handelndem Werkzeug, Berlin 1967; zit.: Mittelbare Täterschaft.

Herzog, Felix/Nestler-Tremel, Cornelius: AIDS und Strafrecht - Schrekkensverbreitung oder Normstabilisierung? StV 1987, 360 ff.

Hirsch, Hans Joachim: Soziale Adäquanz und Unrechtslehre, ZStW 74 (1962), 78 ff.

ders.: Behandlungsabbruch und Sterbehilfe, in: Festschrift für Karl Lackner zum 70. Geburtstag, Berlin/New York 1987, S. 597 ff.

ders.: Einwilligung und Selbstbestimmung, in: Festschrift für Hans Welzel zum 70. Geburtstag, Berlin/New York 1974, S. 775 ff.

ders.: Hauptprobleme einer Reform der Delikte gegen die körperliche Unversehrtheit, ZStW 83 (1971), 140 ff.

Hoerster, Norbert: Grundsätzliches zur Strafwürdigkeit der Gefälligkeitssterilisation, JZ 1971, 123 ff.

ders.: Warum keine aktive Sterbehilfe? ZRP 1988, 1 ff.

Hohmann, Ralf/König, Pia: Zur Begründung der strafrechtlichen Verantwortlichkeit in den Fällen der aktiven Suizidteilnahme, NStZ 1989, 304 ff.

Honig, Richard: Die Einwilliung des Verletzten. Teil I. Die Geschichte der Einwilligung und die Methodenfrage, Mannheim/Berlin/Leipzig 1919.

Horn, Eckhard: Der medizinisch nicht indizierte, aber vom Patienten verlangte ärztliche Eingriff - strafbar? - BGH, NJW 1978, 1206, in: JuS 1979, 29 ff

Hruschka, Joachim: Anmerkung zu BGH JZ 1978, 518, in: JZ 1978, 519 ff.

Jakobs, Günther: Regreßverbot beim Erfolgsdelikt. Zugleich eine Untersuchung zum Grund der strafrechtlichen Haftung für Begehung, ZStW 89 (1977), 1 ff.

ders.: Strafrecht Allgemeiner Teil. Die Grundlagen und die Zurechnungslehre, Berlin, New York 1983; zit.: AT.

ders.: wie oben, 2. Auflage, zitiert mit freundlicher Genehmigung des Verfassers nach den Druckfahnen; zit.: AT (2. Auflage).

ders.: Tätervorstellung und objektive Zurechnung, in: Gedächtnisschrift für Armin Kaufmann, Köln/Berlin/Bonn/München 1989, S. 271 ff.

Jescheck, Hans-Heinrich: Lehrbuch des Strafrechts, Allgemeiner Teil, 4. Auflage, Berlin 1988.

Jung, Heike: Zur Strafbarkeit des Inzests, in: Kriminologie - Psychiatrie - Strafrecht. Festschrift für Heinz Leferenz zum 70. Geburtstag, Heidelberg 1983, S. 311 ff.

Kaufmann, Arthur: Euthanasie - Selbsttötung - Tötung auf Verlangen, MedR 1983, 121 ff.

Keßler, R.: Die Einwilligung des Verletzten in ihrer strafrechtlichen Bedeutung, Berlin 1884.

Kientzy, Dieter: Der Mangel am Straftatbestand infolge Einwilligung des Rechtsgutsträgers auf Grund einer kritischen Betrachtung der Differenzierung in Einwilligung und Einverständnis, Tübingen 1970; zit.: Mangel am Straftatbestand.

Kohlhaas, Max: Strafrechtlich wirksame Einwilligung bei Fahrlässigkeitstaten? DAR 1960, 348 ff.

Kohlmann, Günter: Untreue zum Nachteil einer GmbH trotz Zustimmung sämtlicher Gesellschafter? in: Festschrift für Winfried Werner zum 65. Geburtstag am 17. Oktober 1984, Berlin/New York 1984, S. 387 ff.

Kohte, Wolfhard: Die rechtfertigende Einwilligung, AcP 105 (1985), 105 ff.

Kühne, H.H.: Die strafrechtliche Relevanz eines auf Fehlvorstellungen gegründeten Rechtsgutverzichts, JZ 1979, 241 ff.

Küper, Wilfried: "Autonomie", Irrtum und Zwang bei mittelbarer Täterschaft und Einwilligung, JZ 1986, 219 ff.

Kußmann, Michael: Einwilligung und Einverständnis bei Täuschung, Irrtum und Zwang, jur. Diss. Bonn 1988

Lackner, Karl: Strafgesetzbuch mit Erläuterungen, 18. Auflage, München 1989

Larenz, Karl: Methodenlehre der Rechtswissenschaft, 5. Auflage, Berlin/Heidelberg/New York/ Tokio 1983; zit.: Methodenlehre.

Leipziger Kommentar: Strafgesetzbuch, Großkommentar, Erster Band, Einleitung §§ 1 bis 31, 10. Auflage, Berlin/New York/ 1985;
Zweiter Band, §§ 32 bis 60, 10. Auflage, Berlin/New York 1985;
Fünfter Band, §§ 185 bis 262, 10. Auflage Berlin/New York 1989, zit.: LK/Bearbeiter.

Lenckner, Theodor: Der Grundsatz der Güterabwägung als Grundlage der Rechtfertigung, GA 1985, 295 ff.

ders.: Die Einwilligung Minderjähriger und deren gesetzlicher Vertreter, ZStW 72 (1960), 446 ff.

ders.: Wertausfüllungsbedürftige Begriffe im Strafrecht und der Satz "nulla poena sine lege", JuS 1968, 304 ff.

Linck, Joachim: Doping und staatliches Recht, NJW 1987, 2545 ff.

Maiwald, Manfred: Literaturbericht. Strafrecht - Allgemeiner Teil (Teilnahmelehre), ZStW 88 (1976), 712 ff.

ders.: Der Zueignungsbegriff im System der Eigentumsdelikte, Heidelberg 1970; zit.: Zueignungsbegriff.

Marx, Michael: Zur Definition des Begriffs "Rechtsgut" Prolegmena einer materiellen Verbrechenslehre, Köln/Berlin/Bonn/München 1972.

Maurach, Reinhart/Gössel, Karl-Heinz/Zipf, Heinz: Strafrecht, Allgemeiner Teil, Teilband 2, Erscheinungsformen des Verbrechens und Rechtsfolgen der Tat, 7. Auflage, Heidelberg 1989; zit.: Maurach/Gössel/Zipf AT 2.

Maurach, Reinhart/Zipf, Heinz: Strafrecht, Allgemeiner Teil, Teilband 1, Grundlehren des Strafrechts und Aufbau der Straftat, 7. Auflage, Heidelberg 1987; zit.: Maurach/Zipf AT 1.

Meyer, Maria-Katharina: Ausschluß der Autonomie durch Irrtum. Ein Beitrag zur mittelbaren Täterschaft und Einwilligung 1984.

Münchener Kommentar zum BGB: Band 1, Allgemeiner Teil (§§ 1- 240) AGB-Gesetz, 2. Auflage, München 1984; zit.: MüKo/Bearbeiter.

Neumann, Ulfried: Abgrenzung von Teilnahme am Selbstmord und Tötung in mittelbarer Täterschaft - BGHSt 32, 38, in: JuS 1985, 677 ff.

ders.: Die Strafbarkeit der Suizidbeteiligung als Problem der Eigenverantwortlichkeit des "Opfers", JA 1987, 244 ff.

Noll, Peter: Begriff und Funktion der guten Sitten im Strafrecht, in: Festschrift zum 150-jährigen Bestehen des Oberlandesgerichts Zweibrücken, Wiesbaden 1969, S. 206 ff.

ders.: Übergesetzliche Rechtfertigungsgründe im besonderen die Einwilligung des Verletzten, Basel 1955.

Otto, Harro: Anmerkung zu BGH JZ 1989, 801, in: JZ 1989, 803 f.

ders.: Recht auf den eigenen Tod? Strafrecht im Spannungsverhältnis zwischen Lebenerhaltungspflicht und Selbstbestimmung, Gutachten D zum 56. Deutschen Juristentag Berlin 1986, München 1986; zit.: Gutachten.

ders.: Selbstgefährdung und Fremdverantwortung - BGH NJW 1984, 1469, in: Jura 1984, 536 ff.

ders.: Eigenverantwortliche Selbstschädigung und -gefährdung sowie einverständliche Fremdschädigung und -gefährdung, in: Festschrift für Herbert Tröndle zum 70. Geburtstag, Berlin 1989, S. 157 ff.

Palandt: Bürgerliches Gesetzbuch, 49. Auflage, München 1990; zit.: Palandt/Bearbeiter.

Pfeffer, Hans: Durchführung von HIV-Tests ohne den Willen des Betroffenen. Pflicht und Befugnis zur Befundmitteilung aus der Sicht des Strafrechts, Berlin 1989.

Preuß, Wilhelm: Untersuchungen zum erlaubten Risiko im Strafrecht, Berlin 1974.

Quillmann, Hella-Regina: Die Bedeutung der Einwiligung in riskantes Verhalten bei der Fahrlässigkeitstat, jur. Diss. Tübingen 1978.

RGRK: Das Bürgerliche Gesetzbuch mit besonderer Berücksichtigung der Rechtsprechung des Reichsgerichts und des Bundesgerichtshofs, Band II, 5. Teil §§ 812-831, 12. Auflage, Berlin/New York 1989; zit.: RGRK/Bearbeiter.

Roxin, Claus: Über die Einwilligung im Strafrecht, Coimbra 1987; zit.: Einwilligung.

ders.: Literaturbericht Strafrecht - Allgemeiner Teil, ZStW 85 (1974), S. 76 ff.

ders.: Die Mitwirkung beim Suizid - ein Tötungsdelikt? in: Festschrift für Eduard Dreher zum 70. Geburtstag, Berlin/New York 1977, S. 331 ff.

ders.: Zum Schutzzweck der Norm bei fahrlässigen Delikten in: Festschrift für Wilhelm Gallas zum 70. Geburtstag, Berlin/New York 1973, S. 241 ff.

ders.: Täterschaft und Tatherrschaft, 5. Auflage, Berlin/New York 1990; zit.: TuT.

ders.: Die durch Täuschung herbeigeführte Einwilligung im Strafrecht, in: Gedächtnisschrift für Peter Noll, Zürich 1984, S. 275 ff.

ders.: Verwerflichkeit und Sittenwidrigkeit als unrechtsbegründende Merkmale im Strafrecht, JuS 1964, 373 ff.

Rudolphi, Hans-Joachim: Die verschiedenen Aspekte des Rechtsgutsbegriffs, in: Festschrift für Richard M. Honig zum 80. Geburtstag, Göttingen 1970, S. 151 ff.

ders.: Literaturbericht Strafrecht - Allgemeiner Teil, ZStW 86 (1974), 68 ff.

ders.: Vorhersehbarkeit und Schutzzweck der Norm in der strafrechtlichen Fahrlässigkeitslehre, JuS 1969, 549 ff.

Sack, Rolf: Das Anstandsgefühl aller billig und gerecht Denkenden und die Moral als Bestimmungsfaktoren der guten Sitten, NJW 1985, 761 ff.

Schäfer, Ernst/Dohnanyi, Hans: Die Strafgesetzgebung der Jahre 1931 bis 1935, Tübingen 1936.

Schaffstein, Friedrich: Handlungsunwert, Erfolgsunwert und Rechtfertigung bei den Fahrlässigkeitsdelikten, in: Festschrift für Hans Welzel zum 70. Geburtstag, Berlin/New York 1974, S. 557 ff.

Schenke, Wolf: Die Einwilligung des Verletzten im Zivilrecht, unter besonderer Berücksichtigung ihrer Bedeutung bei Persönlichkeitsrechtsverletzungen, jur. Diss. Erlangen-Nürnberg 1965.

Schild, Wolfgang: Das strafrechtliche Problem der Sportverletzung (vorwiegend im Fußballkampfspiel) (2. Teil), Jura 1982, 520 ff.

Schilling, Georg: Abschied vom Teilnahmeargument bei der Mitwirkung zur Selbsttötung, JZ 1979, 159 ff.

Schimikowski, Peter: Experiment am Menschen. Zur strafrechtlichen Problematik des Humanexperiments, Stuttgart 1980.

Schlehofer, Horst: Einwilligung und Einverständnis. Dargestellt an der Abgrenzung zwischen Raub und räuberischer Erpressung, 1985.

Schmidhäuser, Eberhard: Selbstmord und Beteiligung am Selbstmord in strafrechtlicher Sicht, in: Festschrift für Hans Welzel zum 70. Geburtstag, Berlin/New York 1974, S. 801 ff.
ders.: Strafrecht, Allgemeiner Teil, Lehrbuch, 2. Auflage, Tübingen 1975; zit.: AT.
ders.: Strafrecht, Allgemeiner Teil, Studienbuch, unter Mitarbeit von Heiner Alwart, 2. Auflage, Tübingen 1984; zit.: Studienbuch.
Schmidt, Eberhard: Schlägermensur und Strafrecht, JZ 1954, 369 ff.
Schmitt, Rudolf: § 226 a ist überflüssig, in: Gedächtnisschrift für Horst Schröder, München 1978, S. 263 ff.
ders.: Strafrechtlicher Schutz des Opfers vor sich selbst? Gleichzeitig ein Beitrag zur Reform des Opiumgesetzes, in: Festschrift für Reinhart Maurach zum 70. Geburtstag, Karlsruhe 1972 S. 113 ff.
Schönke, Adolf/Schröder, Horst: Strafgesetzbuch, Kommentar, 23. Auflage, München 1988; zit.: Sch-Sch/Bearbeiter.
Schrey, Robert: Der Gegenstand der Einwilligung des Verletzten, Breslau 1928.
Schroeder, Friedrich-Christian: Der Täter hinter dem Täter. Ein Beitrag zur Lehre von der mittelbaren Täterschaft, Berlin 1965.
Schünemann, Bernd: Die Rechtsprobleme der AIDS-Eindämmung. Eine Zwischenbilanz, in: Die Rechtsprobleme von AIDS, Schünemann, Bernd/Pfeiffer, Gerd (Hrsg.), Baden-Baden, 1988, S. 373 ff.; zit.: Rechtsprobleme.
Schumann, Heribert: Strafrechtliches Handlungsunrecht und das Prinzip der Selbstverantwortung der Anderen, Tübingen 1986.
Soergel: Bürgerliches Gesetzbuch mit Einführungsgesetz und Nebengesetzen, Band 4, Schuldrecht III (§§ 705-853), 11. Auflage, Stand: Frühjahr 1985, Berlin/Köln/Mainz 1985; zit.: Soergel/Bearbeiter.
Staudinger: Kommentar zum Bürgerlichen Gesetzbuch mit Einführungsgesetz und Nebengesetzen, Zweites Buch, Recht der Schuldverhältnisse §§ 823-832, 12. Auflage, Berlin 1986; zit.: Staudinger/Bearbeiter.
Stein, Ulrich: Die strafrechtliche Beteiligungsformenlehre, Berlin 1988.
Stoll, Hans: Das Handeln auf eigene Gefahr. Eine rechtsvergleichende Untersuchung, Berlin/Tübingen 1961.
Stratenwerth, Günter: "Größtmögliche Freiheit"? in: Festschrift für Werner Maihofer zum 70. Geburtstag - Rechtsstaat und Menschenwürde, Frankfurt a.M. 1988, S. 571 ff.
ders.: Inzest und Strafgesetz, in: Familienrecht im Wandel, Festschrift für Hans Hinderling, Basel und Stuttgart 1976, S. 301 ff.

ders.: Leitprinzipien der Strafrechtsreform, Köln/Opladen 1970; zit.: Leitprinzipien.
ders.: Prinzipien der Rechtfertigung, ZStW 68 (1956), 41 ff.
ders.: Strafrecht, Allgemeiner Teil I, Die Straftat, 3. Auflage, Köln/Berlin/Bonn/München 1981; zit.: AT.
ders.: Sterbehilfe, SchZStr 95 (1978), 60 ff.
Stree, Walter: Beteiligung an vorsätzlicher Selbstgefährdung - BGHSt 32, 262 und BGH, NStZ 1984, 452, in: JuS 1985, 179 ff.
Systematischer Kommentar: Band I, Allgemeiner Teil (§§ 1-79 b), 5. Auflage, Neuwied/Frankfurt a.M. Stand: 12. Lieferung (Juni 1989); Band II, Besonderer Teil (§§ 80-358), 4. Auflage, Neuwied/Frankfurt a.M. Stand: 26. Lieferung (Oktober 1989); zit.: SK/Bearbeiter.
Timpe, Gerhard: Anmerkung zu BGH JZ 1990, 96 f., in: JZ 1990, 97 f.
ders.: Die Nötigung, Berlin 1989
Traeger, Ludwig: Die Einwilligung des Verletzten und andere Unrechtsausschließungsgründe im zukünftigen Strafrecht, GS 94 (1927), 112 ff.
Triffterer, Otto: Österreichisches Strafrecht, Allgemeiner Teil. Unter Mitarbeit von Kurt Schmoller, Wien/New York 1985.
Tröndle, Herbert: Referat zum 56. Deutschen Juristentag: Recht auf den eigenen Tod? - Strafrecht im Spannungsverhältnis zwischen Lebenserhaltungspflicht und Selbstbestimmung - Sitzungsbericht M zum 56. Deutschen Juristentag Berlin 1986, München 1986; zit.: Referat.
Weber, Hans-Dieter: Der zivilrechtliche Vertrag als Rechtfertigungsgrund im Strafrecht, Berlin 1986.
Weigend, Thomas: Über die Begründung der Straflosigkeit bei Einwilligung des Betroffenen, ZStW 98 (1986), 44 ff.
Welzel, Hans: Das deutsche Strafrecht, 11. Auflage, Berlin 1969.
Wessels, Johannes: Strafrecht, Allgemeiner Teil, 19. Auflage, Heidelberg 1989.
Wille, Siegfried: Grundsätze des Nürnberger Ärzteprozesses, NJW 1949, 377.
Wimmer, Klaus: Die Bedeutung des zustimmenden Willens und anderer positiver Stellungnahmen des Berechtigten sowie die Wirkung seiner Täuschung bei ausgewählten Deliktsdefinitionen, Heidelberg 1980; zit.: Bedeutung des zustimmenden Willens.
Wolter, Jürgen: Objektive und personale Zurechnung von Verhalten, Gefahr und Verletzung in einem funktionalen Straftatsystem, Berlin 1981.

Zipf, Heinz: Die Bedeutung und Behandlung der Einwilligung im Strafrecht, ÖJZ 1977, 379 ff.
ders.: Einwilligung und Risikoübernahme im Strafrecht, Neuwied/Berlin 1970; zit.: Einwilligung.
Zitelmann, Ernst: Ausschluß der Widerrechtlichkeit, AcP 99 (1906), 1 ff.

## SCHRIFTEN ZUM STRAFRECHT UND STRAFPROZEßRECHT

Herausgegeben von Manfred Maiwald

Band 1 Christian-Peter Frees: Die steuerrechtliche Selbstanzeige. Zur kriminalpolitischen Zweckmäßigkeit des § 371 AO. 1991.

Band 2 Norbert Joachim: Der Hörensagenbeweis im Strafverfahren. 1991.

Band 3 Alfred A. Göbel: Die Einwilligung im Strafrecht als Ausprägung des Selbstbestimmungsrechts. 1991.

Band 4 Karl-Heinz Vehling: Die Abgrenzung von Vorbereitung und Versuch. 1991.

Printed by
CPI books GmbH, Leck

FSC
www.fsc.org
MIX
Papier | Fördert
gute Waldnutzung
FSC® C083411

Kolibri 360 GmbH
Ferdinand-Jühlke-Straße 7
99095 Erfurt, Deutschland
produktsicherheit@kolibri360.de